Ein Brief aus dem Paradies

ALEXANDER KOSTINSKIJ

Ein Brief aus dem Paradies

Geschichten aus dem Schtetl

Aus dem Russischen übersetzt von
Ganna-Maria Braungardt

PATMOS VERLAG

Inhalt

Ein Brief
aus dem Paradies

Eine Attraktion in unserem Schtetl war die Pension mit dem ungewöhnlichen Namen »Blauer Drache«. Mit seinen halbrunden Dachziegeln, die aussahen wie Schuppen, und seinen himmelblauen Wänden erschien sie uns Kindern wie ein Zauberdrache; wir glaubten fest daran, dass dieser Drache eines Tages die Fensterlädenflügel schwingen, sich erheben und in weite Fernen davonfliegen würde.

Geführt wurde die Pension von unseren Verwandten – Onkel Jefim und Tante Riwa. Tante Riwa war die Cousine meiner Mutter und in unserer Familie das, was der »Blaue Drache« für unser Schtetl war, nämlich eine Attraktion. Tante Riwa war unsere Haggada. Zu jedem Anlass, für jeden Tag hatte sie eine spezielle Geschichte oder ein Märchen parat.

Kaum tauchte zum Beispiel ein neuer Gast in der Pension auf, schon folgte am nächsten Sonntag die Geschichte von der Zubereitung des Draches-Borschtschs (Draches war Tante Riwas

Mädchenname). Wir alle, nicht nur die Gäste, sondern auch Freunde und Verwandte, versammelten uns am großen Esstisch – das war Tradition, das gemeinsame Essen am Sonntag –, und die Tante erläuterte die Feinheiten der Zubereitung ihres Spezialgerichts.

»Ukrainischer Borschtsch«, begann sie, »ist aus Schweinefleisch gekocht und wird gegessen mit Schmand, unseren Draches-Borschtsch aber, wie ihr verstehen werdet, isst man ohne Schmand, und gekocht wird er auch ganz anders: aus Gans und Rinderbrust. Außerdem braucht man dazu«, die Tante hob die Hand und zählte auf, wobei sie die Finger zurückbog, »Kartoffeln, Möhren, Kohl, Zwiebeln, rote Bete, ein wenig Hirse, Knoblauch und unbedingt – das ist die Hauptsache! – eine oder zwei scharfe rote Paprikaschoten. An die Paprikaschoten müsst ihr immer denken!«, belehrte sie den neuen Gast, »sonst ist das nicht unser Draches-Borschtsch, sondern etwas ganz anderes. Vielleicht essbar, aber nicht das Rechte.«

Natürlich kannte jeder in der Familie das Rezept von Tantchens Borschtsch auswendig, dennoch saßen alle brav und manierlich da. Selbst die Kleinsten zappelten nicht mit den Beinen, sondern lauschten still der Lektion, die Hände auf dem Schoß. Wir schwiegen, und der Neue ließ sich einweihen in die Feinheiten und Geheimnisse von Tantchens Küche – oder tat zumindest so.

»Die Zubereitung eines jeden Borschtschs, schon gar die des Draches-Borschtschs, muss ich euch sagen, das ist Geduld und eine Kunst«, verkündete die Tante im Verschwörerton, als plaudere sie ein Staatsgeheimnis aus. »Was meint ihr, warum Geduld und warum eine Kunst?«, wandte sie sich in erster Linie an den neu hinzugekommenen Gast. Dieser wusste das meist nicht, also erklärte die Tante: »Die Zubereitung von Draches-Borschtsch ist Geduld und eine Kunst, weil man nicht nur einen Berg Gemüse putzen muss, nein, man braucht auch ein Gefühl, wann der Topf wieder herunter muss vom Herd. Und nun sagt mir, was ist Feuer?« Die Tante ließ ihren Blick über die am Tisch Sitzenden schweifen, überzeugte sich, dass alle, auch wir Kinder, noch immer zuhörten und niemand vor Hunger vom Stuhl gefallen war, und sprach befriedigt weiter: »Feuer ist ein Drache. Und der Umgang mit einem Drachen erfordert Geschick. Man muss genau wissen, wann man zu ihm sagen muss: ›Ach, mein Lieber, brenne nur mit halber Kraft‹ oder aber: ›Danke für die Hilfe. Jetzt ruh dich aus, mein Lieber‹, um dann ungesäumt den Topf herunterzunehmen. Man darf auf keinen Fall den richtigen Moment verpassen. Man kann nicht auf die Minute genau sagen, wie lange der Borschtsch kochen muss. Pardon, aber das ist einfach unmöglich. Hier müsst ihr euch auf eure Intuition verlassen, sonst zerkocht das Gemüse: Die rote Bete schmeckt nicht mehr nach roter Bete, die Kartoffel nicht mehr nach Kartoffel. Ein Borschtsch ist schließlich kein Püree! Der echte Draches-Borschtsch«, sprach die Tante, »der ist wie unsere Pension.«

An dieser Stelle wurde die Stimme meiner Tante feierlich und pathetisch, bekam etwas Majestätisches, und sie wiederholte noch einmal:

»Ja, ich habe mich nicht versprochen, genau das wollte ich sagen: wie unsere Pension. Jeder hat seinen eigenen Charakter, der eine ist weich wie eine Kartoffel, der andere scharf wie Paprika, aber heute sitzen wir alle zusammen an diesem Tisch. Darum sage ich, ein Borschtsch, der ist wie der ›Blaue Drache‹. Oder ist jemand anderer Meinung?«

Natürlich stimmten wir alle Tante Riwa zu.

Die Tante ließ eine gebührende Zeit verstreichen, und wenn ihr niemand widersprach, rief sie in Richtung Küche: »Njura! Sonja! Ihr könnt jetzt!« Dann endlich brachten ihre treuen Helferinnen (Njura war obendrein die Schwester von Onkel Jefim) das gewaltige Gefäß herein, in dem das Sonntagsessen brodelte, heiß und scharf von Feuer, Paprika und Knoblauch. Doch in dem Topf steckte noch keine Kelle.

Inzwischen heulten und trompeteten unsere Mägen schon vor Hunger. Die aus dem Topf auf dem Tisch aufsteigenden Düfte brachten alle einer Ohnmacht nahe. Die Tante wusste das natürlich, doch das Ritual war noch nicht beendet, und sie schritt zu seiner letzten Phase.

»Gegessen wird unser Borschtsch«, sagte sie, »nicht an dem Tag, an dem er gekocht wird, nein, er muss reifen wie Wein. Gekocht wird der Borschtsch am Freitagmorgen, am Sonnabend erholt er sich von Herd und Feuer, und am Sonntag kommt er auf den Tisch. Und dieser Tag ist heute – Sonntag«, sprach die Tante, stand gemächlich auf und ging ebenso gemächlich zu der riesigen Anrichte in der Ecke, die aus unzähligen Türen und Schränkchen bestand. In den dunklen Tiefen dieser Schatztruhe ruhte das Zepter von Tante Riwas kulinarischer Macht – die silberne Schöpfkelle.

Das Zepter wurde feierlich in den Topf getaucht, das purpurrote, duftende Werk der Tante füllte unsere Teller, und

– o langersehnter Augenblick! – dann hatte Onkel Jefim das Wort. Der Onkel besaß nicht die rhetorische Gabe seiner Frau. Er dankte rasch dem Erhabenen dafür, dass Er uns dieses Mahl beschert hatte, und sprach das heißersehnte »Lechaim«.

Wie auf Kommando sprangen die Männer auf, stießen an, und von allen Seiten tönte es: »Lechaim!«, »Nasdrawje!«, »Prost!«. Dann konnten wir endlich essen.

Ach ja, das hätte ich beinahe vergessen, doch auch das ist wichtig: Auf dem großen Pensionstisch meiner Tante standen immer zwei, drei Schüsselchen mit Schmand für diejenigen, die Milchiges und Fleischiges zusammen aßen.

»Eigentlich wird Draches-Borschtsch ohne Schmand gegessen, aber wenn ihr wollt…« Die Tante zuckte die Achseln. »Bitte. Über den Glauben und über Geschmack streitet man nicht.«

Heute, viele Jahre später, kann ich Tante Riwas Worte nur wiederholen. Sie hat hundertprozentig Recht. Über den Glauben streitet man nicht, man lebt einfach damit, nach den Gesetzen des Herzens und des Herrn. Und genau das taten meine Tante und ihr Mann. Ohne ihre Großzügigkeit zur Schau zu stellen, gaben sie armen Bräuten eine Mitgift und Waisenkindern Geld fürs Studium und bemühten sich nach Möglichkeit, stets alle Feiertage zu begehen und den Sabbat zu ehren.

Warum ich sage »bemühten sich nach Möglichkeit«, werdet ihr fragen, wie kann man so etwas sagen, wenn es um den Glauben geht? Doch, in diesem Fall kann man das.

Außer der Pension, um die sich hauptsächlich Onkel Jefims Schwester Njura kümmerte (von der ich bereits sprach), hatten Tante Riwa und Onkel Jefim noch anderes zu tun. Der Onkel war Provisor und betrieb gleich neben der Pension eine winzige Apotheke, und Tante Riwa war Hebamme. An manchem Sabbat eilte Onkel Jefim direkt aus der Synagoge, im Gehen den Tales ausziehend, in die Apotheke und bereitete Mixturen, und Tante Riwa wurde zu manchem Passah von einem Rubin oder Iwan am Arm gepackt und rannte mit ihm Hals über Kopf zu seiner Rebekka oder Maria.

Ja, so war es oft.

Und nach ein paar Tagen kamen dann die Rubins und Rebekkas, Iwans und Marias und zeigten dem Onkel und der Tante ihr Neugeborenes – ihre Sarah oder ihren Andrej, die zur Welt gekommen waren, wann es ihnen passte, ohne jede Rücksicht auf die Religion.

Die Tante sah die Kleinen an, schnalzte mit der Zunge und rief begeistert: »Ganz der Vater, wie aus dem Gesicht geschnitten!« Oder: »Nein, so was! Genau so eine Schönheit wie die Mutter!«

Der Onkel bat die Gäste, die sich auch nicht weiter sträubten, an den Tisch, und alle tranken auf die Gesundheit der Neugeborenen. Anschließend wurde auf die Eltern getrunken. Dann natürlich auf die Tante und ihre goldenen Hände. Dann auch auf den Onkel. Als nächstes kamen die Trinksprüche auf alle Kinder und auf die Liebe. Ach, worauf wurde da nicht getrunken! Aber im Haus von Tante Riwa und Onkel Jefim betrank sich nie jemand. Das kann ich euch schwören. Das gab es nicht in diesem Haus. Selbst zu Purim, wenn die Erwachsenen ruhig mal einen Schluck zu viel trinken dürfen, lag niemand unterm Tisch. Tante Riwa mochte das nicht und achtete streng auf Ordnung.

Schließlich war die große grüne Literflasche geleert, und im Topf mit dem Borschtsch schimmerte der Boden durch. Dann wurde der blankgeputzte, funkelnde Samowar auf den Tisch gestellt, und es gab Rosinenstrudel.

Nein, vom Strudel werde ich jetzt nicht erzählen. Ich will ja kein Kochbuch schreiben. Wenn der Samowar und der Strudel auf den Tisch kamen, dann war es Zeit für Märchen, für wahre und erfundene Geschichten, und wieder nahm die Tante das Wort.

Jedes Kind bekam Tee eingegossen und ein Stück Strudel auf seinen Teller, dann führte uns die Tante in die entlegenste Ecke des Zimmers. Die Tante setzte sich in ihren Sessel, der bucklig war wie ein Kamel, wir ließen uns zu ihren Füßen nieder, und sie begann zu erzählen.

Ihre Sonntagsmärchen handelten nicht von fernen Ländern, sondern von den Buchenwäldern und den Waldseen rund um unser Schtetl, und die Helden dieser Sonntagsgeschichten waren nicht mythische Könige und Königinnen, sondern unsere Urgroßmütter und Urgroßväter, und dadurch waren diese Erzählungen für uns märchenhaft und real zugleich.

Ich kann nicht alle diese Geschichten auf einmal wiedergeben, aber zwei davon will ich euch erzählen. Hinterher werdet ihr verstehen, warum ich gerade diese ausgewählt habe. Aber warum eigentlich hinterher, ich kann es auch gleich erklären: Diese Geschichten haben nämlich direkt mit unserem Städtchen zu tun und damit, warum es so heißt, wie es heißt, und nicht anders, und natürlich mit Tante Riwas Pension und ihrem ungewöhnlichen Namen Draches.

Es heißt, in den alten Zeiten hätten

die großen Maggiddim und ihre Schüler wenigstens ein Mal in der Woche tanzen müssen, damit ihre Verbindung zum Himmel nicht abriss. Ich glaube, genauso brauchte auch die Seele meiner Tante die Märchen und uns, ihre Schüler und Zuhörer, die mit angehaltenem Atem um sie herum saßen.

Erwartung schwebte im Raum, wir hörten sie mit den Flügeln schlagen, und vor unseren Augen geschah ein Wunder: Plötzlich verschwand die herrische Inhaberin der Pension, und im Sessel saß eine ganz normale Großmutter. Doch auch diese Alltäglichkeit hatte ihren Zauber: die runde Brille auf der Nasenspitze, die Stricknadeln in der Hand und das Wollknäuel zu ihren Füßen. Ja, während Tante Riwa Märchen erzählte, strickte sie immer irgendetwas, mal warme Socken, mal einen Schal. Vielleicht waren ihre Geschichten auch deshalb wie aus einem Garn gestrickt, ohne jeden Knoten.

»Vor vielen Jahren«, begann Tante Riwa, »lebte in unserer Gegend ein Töpfer namens Abram Katz. Er war ein bescheidener, arbeitsamer Mann. Abram stand in aller Frühe mit den Hähnen auf, knetete den ganzen Tag Ton, drehte die Töpferscheibe, brannte im Ofen Krüge, Töpfe und Schüsseln. Doch dann kam der Abend. Sterne übersäten den Himmel über den dunklen Wäldern und Feldern. Die Tagesvögel verstummten, und die Nachtvögel erwachten. Dann zündete Abram eine stille Kerze an und las im Buch der Weisen. Er las und dachte über die Worte in diesem Buch nach und darüber, was diese alten Worte mit seinem Leben und dem seiner Familie zu tun hatten.

Abrams Frau Tscherna war ebenso wie Abram wortkarg und arbeitsam. Auch die Kinder – sie hatten zwei, einen Jungen und ein Mädchen, Chaim und Lea – schlugen den Eltern nach. Im Charakter und auch im Äußeren. Alle vier, Abram, Tscherna und die Kinder, waren wie aus demselben Stück Teig gemacht, braunäugig und lockenköpfig.

Es muss gesagt werden, dass Abram, obwohl er ein im ganzen Umkreis berühmter Meister war, für seine Arbeit nicht viel verlangte, darum kauften die Hausfrauen der Gegend gern bei ihm Töpfe und Schüsseln. Ja, er hatte viel zu tun, aber es ist noch nie ein Töpfer reich geworden, sodass er von Gold und Silber essen konnte. Doch danach strebte Abram auch gar nicht. Hauptsache, die Kinder waren gesund. Sein Brot verdiente er sich allemal, und auch ein Krug Milch war stets im Haus. Zum Glück gab ihre Ziege Milka reichlich Milch, fett und süß. Das war keine Milch, das war Sahne mit Honig. Überdies war Milka von sanftmütigem Wesen. Sie stieß und bockte nicht. Ihr Fell war seidenweich. Und zärtlich war sie – wie eine Katze. Diese Ziege war eine Freude im Haus.«

»Ihr möchtet wahrscheinlich wissen«, wandte sich die Tante an uns, »warum ich so viel von dieser Ziege rede?«

Wir nickten: Ja, natürlich möchten wir das wissen!

»Weil Milka in diesem Märchen eine ganz besondere Rolle spielt«, erklärte Tante Riwa. »Gewissermaßen eine seltene Rolle für eine Ziege. Aber davon später. Alles zu seiner Zeit.«

Allmählich verebbte der Lärm am Tisch. Die Erwachsenen rückten ihre Stühle näher an Tantchens Sessel und hörten ebenfalls zu.

Und die Tante fuhr fort.

»So lebten sie in Frieden und Eintracht, Abram, Tscherna und ihre Kinder.«

»Und die Ziege?«, fragten wir.

»Und die Ziege natürlich.« Die Tante lächelte und erzählte weiter. »Aber eines Tages geschah etwas, es heißt, das sei zu Beginn des Sommers gewesen, wenn die Sauerkirschen noch Saft sammeln, die Erdbeeren aber bereits reif sind und die Hausfrauen langsam Geschirr kaufen zum Einkochen und Einsalzen. Darum hatte Abram um diese Zeit immer besonders viel zu tun und arbeitete vom frühen Morgen bis zum späten Abend. Deshalb wunderte sich Tscherna auch, als sie sah, dass ihr Mann eines Tages nicht an der Töpferscheibe stand oder vor dem Ofen, wo er seine Krüge und Töpfe brannte, sondern mitten im Hof, mit ausgebreiteten

Armen und erhobenem Kopf, als rede er mit jemandem dort am hellen Himmel.

›Was ist mit dir, Abrumele?‹, fragte Tscherna ihren Mann erschrocken.

Abram wandte sich zu ihr um und sagte: ›Ich habe eben eine Stimme gehört. Und diese himmlische Stimme hat gesagt, ich solle alle meine Angelegenheiten liegenlassen und noch heute zum Weißen See gehen, mich ans linke, flache Ufer stellen, unter die alte Eiche, und auf den Messias warten. Denn genau dort, bei der alten Eiche, nicht weit von der Weggabelung, werde er vorbeikommen, der Messias.‹

›Vielleicht hast du dir das ja nur eingebildet?‹, fragte Tscherna schüchtern.

›Wie kann man sich so etwas einbilden?‹, widersprach Abram und tat noch am selben Tag, was die Stimme ihn geheißen hatte – er ging, ohne zu zögern zum Weißen See, stellte sich unter die Eiche und wartete auf den Messias.

Abram wartete einen Tag. Zwei Tage. Drei Tage. Eine Woche. Einen Monat. Abram wartete, und Tscherna brachte ihm jeden Tag etwas zu essen. Sie klagte und jammerte nicht, meinte nur hin und wieder, vielleicht sei der Messias ja schon vorbeigekommen, und Abram habe ihn nicht bemerkt.

›Wie kannst du so etwas sagen?‹, empörte sich Abram. ›Ich würde ihn unter Tausenden und Abertausenden erkennen. Nein, er ist noch nicht vorbeigekommen.‹

›Nun denn‹, antwortete Tscherna. ›Dann warte weiter. Natürlich, warte nur.‹«

Meist sagten die Männer an dieser Stelle scherzhaft: »Ja, das ist eine Ehefrau!«

Aber die Tante überhörte das und erzählte weiter.

»Ja, genau so sprach Tscherna: ›Warte nur, Abram, warte.‹ Und eilte nach Hause zu den Kindern. Die Kinder waren allein zu Hause, ohne Aufsicht. Chaim war fünf Jahre alt, Lea vier. Noch ganz klein waren sie. Obendrein war der Weg ziemlich weit. Urteilt selbst«, wandte sich die Tante an ihre Zuhörer, »anderthalb Stunden von zu Hause bis zum See und anderthalb Stunden zurück. Und etwas Zeit musste sie schließlich mit Abram verbringen. So verging der Tag. Ach was, der Tag! Woche um Woche verflog. Der Sommer ging zu Ende, und Tscherna sah schon, wie der Herbst von den Bergen herabstieg mit Nebeln und kühlen Abenden. Und der Messias kam und kam nicht. Abram wartete und wartete, und Tscherna verurteilte ihn nicht, denn schließlich ist es nicht jedem gegeben, die himmlische Stimme zu vernehmen. Aber wie heißt es doch: ›Gebt Gott, was Gottes, und dem Kaiser, was des Kaisers ist.‹ Wovon sollten sie leben? Wie die Kinder ernähren? Es war nur noch wenig Mehl im Speicher, und auch die Kartoffeln gingen zur Neige. Der listige Krämer verkaufte Tscherna nichts mehr auf Kredit, sondern sagte immer wieder: ›Verkauf deine Ziege Milka, dann bekommst du Mehl, Grieß und Honig.‹ Aber wie sollten sie leben ohne Ziege? Die Kinder brauchten Milch.

Ach, so war es schlecht! Und so auch!

Da weinte Tscherna. War bekümmert. Jammerte. Und wusste nicht aus noch ein.«

An dieser Stelle unterbrach sich die Tante, ließ ihren Blick über uns Kinder schweifen und fragte nach einer Weile: »Was meint ihr, verkaufte Tscherna die Ziege oder nicht?«

Wir antworteten im Chor: »Nein!«, und die Tante nickte und lächelte, erfreut, dass wir so klug und verständig waren.

»Natürlich verkaufte sie die Ziege nicht«, sagte die Tante.

»Nicht nur, weil Milkas Milch so süß war, sondern vor allem, weil sie und die Kinder die Ziege liebten wie ein Familienmitglied. Nein, sie gab sie nicht dem Krämer, und sie tat Recht daran, denn eines Tages geschah etwas, ohne das es dieses Märchen nicht geben würde: Die Ziege begann plötzlich zu sprechen.

›Geh zu Abram‹, sagte die Ziege, ›und sag ihm, ich habe die himmlische Stimme gehört, und sie hat mir gesagt, dass der Messias nicht zum Weißen See gehen wird, auf dem Rückweg aber auf

jeden Fall bei euch zu Hause herein-
schaut. Geh, Tscherna, beeile dich.‹

Tscherna lief zum Weißen See und erzählte alles ihrem Mann. Alles.

Abram wollte das Gehörte nicht gleich
glauben, doch nach einigem Nachden-
ken sagte er: ›Es ist natürlich schwer, an
so etwas zu glauben, aber wenn Bileams Eselin plötzlich gesprochen hat,
warum sollte nicht auch eine Ziege
sprechen? Zumal es nicht um irgend-
eine Lappalie geht, sondern um den
Messias.‹

Tscherna nickte. ›Genau.‹

›Und wann kommt der Messias zu uns?
Hat unsere Ziege dir das gesagt?‹, fragte
Abram.

›Nein.‹ Tscherna seufzte. ›Sie hat nur
gesagt, dass er unbedingt kommen
wird, aber wann?‹

Da plagten Abram erneut Zweifel.

›Und wenn die Ziege dich nun be-
schwindelt hat? Vielleicht hat sie sich
das nur ausgedacht, damit du sie nicht
verkaufst?‹

Tscherna war schweigsam und gedul-
dig, doch nun konnte sie nicht an sich

halten, klatschte in die Hände und hob zum ersten Mal die Stimme.

›Meinst du, die himmlische Stimme würde mit einer verlogenen Ziege reden? Nein, kein Wort würde sie zu einer Lügnerin sagen. Unsere Ziege ist ehrlich. Verleumde sie nicht. Das ist Sünde. Komm, lass uns lieber gehen, Abram, sonst verpassen wir noch den Messias.‹ So sprach sie, nahm ihren Mann an die Hand und ging mit ihm zusammen nach Hause.

Seitdem heißt unser Schtetl ›Ehrliche Ziege‹, und es gibt wohl kaum einen zweiten Ort mit einem solchen Namen«, schloss die Tante.

Ja, die Geschichte war zu Ende, und alle begriffen, jedenfalls die Erwachsenen, dass dies nur ein Märchen war, aber darin lag eben das Talent von Tante Riwa: Indem sie Märchenhaftes mit Wahrhaftigem verknüpfte, schuf sie eine neue Realität – die Realität der Geschichtenerzählerin. Und die Menschen glaubten an diese Realität. Darum fragte am Ende fast immer jemand, ob in »Ehrliche Ziege« noch

E·A   AKceP:

Menschen mit dem Namen Katz lebten.

»Natürlich«, antwortete Tante Riwa
dann. »Die einen sind Töpfer wie Abram, andere sind Schuster, die dritten
backen Brot; und das Haus von Abram
und Tscherna steht noch immer da, wo
es gestanden hat. Wenn ihr wollt, können wir es euch zeigen.«

Wir Kinder boten sofort alle durchein-
ander unsere Dienste an. Wir sagten,
wir könnten den Gast zum Haus der
Familie Katz führen, wenn er wolle,
und auch zum Weißen See und zu der
Eiche, unter der Abram auf den Messias gewartet hatte.

Wir lärmten, doch Tante Riwa brachte
uns zur Ruhe.

»Morgen«, sagte sie, »morgen bringt ihr
ihn hin und zeigt ihm alles. Heute er-
wartet uns erst einmal das Abendbrot
und noch ein Märchen.«

Da wurden wir natürlich sofort still:
Noch ein Märchen!

Das Abendessen dauerte im Gegensatz
zum Mittagessen nicht lange. Alle be-
kamen ein Schüsselchen Quark, tran-

ken Tee und aßen dazu die Reste vom Strudel.

Nach dem Essen schaltete Onkel Jefim die große Stehlampe mit dem mattweißen Schirm in der Ecke neben dem Sessel der Tante an, die Tante nahm wieder ihr Strickzeug zur Hand und begann mit dem zweiten Märchen.

»Von Chaja-Bejla will ich euch heute erzählen«, begann die Tante bedächtig. »Chaja-Bejla war die jüngste Tochter ihrer Eltern, das Nesthäkchen, und die Eltern verwöhnten sie natürlich, die kleine Schelmin, und verziehen ihr vieles, wofür andere Kinder großen Ärger bekommen hätten. Ich weiß, manch einer wird sagen: ›Das ist schlecht. Kinder soll man erziehen in Strenge und Gehorsam.‹ Ich aber denke da anders«, sagte die Tante. »Es ist gut, dass das Mädchen ohne Angst aufwuchs, denn sonst würden wir heute kaum hier in unserer Pension zusammensitzen. Vieles wäre dann ganz anders. Das könnt ihr mir glauben.«

Das glaubten wir Tante Riwa, niemand widersprach oder zweifelte an ihren

Worten, und die Tante spann ihren Märchenfaden weiter.

»Ja, ein kühnes Mädchen war Chaja-Bejla, ein richtiger Wildfang. Darum erschrak sie auch nicht und rannte nicht davon, als sie eines Tages im Wald, in der Krummen Schlucht, auf einen zweiköpfigen Drachen stieß.«

»Auf einen Drachen?«, fragten wir mit angehaltenem Atem.

»Ja.« Tante Riwa nickte. »Auf einen richtigen, echten Drachen. Nur waren seine Schuppen nicht grün, sondern blau.

Chaja-Bejla versteckte sich hinter den Bäumen, die in der Schlucht wuchsen, stand ganz still und hörte zu, worüber die Drachenköpfe sprachen.

Und sie sprachen so:

›Ich finde‹, sagte der rechte Kopf, ›zum Frühstück sollte man Dicke verspeisen, zu Mittag dagegen ein paar Dünne.‹

›Dummheiten‹, widersprach der linke, ›Magere isst man besser morgens, nach dem Schlaf sind sie weniger zäh.‹

›Unsinn‹, beharrte der rechte auf seiner Meinung, ›Fettes ist bekömmlicher zum Frühstück, Mageres dagegen vor dem Schlafengehen. Und überhaupt, streite nicht mit mir!‹

›Warum denn nicht?‹

›Darum, weil jeder weiß: Alles, was rechts ist, ist viel besser und klüger als das, was links ist. Darum sagt man auch immer und überall: Du hast Recht, nirgends heißt es: Du hast Links. Alle sagen: Gerechtigkeit, niemand spricht von Gelinkigkeit. Du bist der linke Kopf, darum hast du zu schweigen. Hör auf das, was kluge Köpfe sagen.‹

›Das ist noch gar nicht raus, wer klüger ist‹, schnaubte der linke Kopf und spie vor Empörung Rauch und Feuer. ›Ich bin sicher, das ist ein philologischer Irrtum. Es wird die Zeit kommen, da alle sagen: Du hast Links.‹«

Die Erwachsenen, ob dick, ob dünn, kugelten sich vor Lachen. Uns Kindern war nicht zum Lachen zumute. Wir nahmen das alles ernst und fürchteten uns sogar ein wenig. Im Wald einen Drachen zu treffen, war schließlich keine Kleinigkeit!

Die Tante erzählte und erzählte, die Stricknadeln in ihrer Hand flitzten nur so, und schon war eine Socke fertig, und sie begann mit der zweiten.

»Die Köpfe aber stritten und zankten immer weiter«, erzählte die Tante, »und konnten sich nicht einigen, wen sie zum Frühstück fressen sollten und wen zum Mittag, Dicke oder Dünne. Das Feuer sprühte nach allen Seiten. Die Bäume wurden schwarz. Noch ein wenig, und der Wald würde in Flammen stehen. Feuer! Ein Unglück! Großer Kummer! Da nahm meine Großmutter ihren Mut zusammen und mischte sich in den Drachenstreit ein.«

»Welche Großmutter?«, fragte einer der erst vor kurzem angekommenen Gäste.

»Meine.« Tante Riwa lächelte. »Chaja-Bejla war meine Großmutter. Und nicht nur ich, sondern viele in meiner Familie wissen bis heute nicht, woher ein zehnjähriges Mädchen, selbst ein so verwegenes wie unsere Chaja-Bejla, den Mut nahm, sich in den Drachen-streit einzumischen. Ich selbst«, sagte die Tante, »gehöre auch nicht zu den

Schüchternen, aber an Chaja-Bejla reiche ich nicht heran. Das Mädchen war ein richtiger biblischer David. Sie trat vor die Drachenköpfe und sprach: ›Bei uns zu Hause heißt es: Ein Kopf ist gut, zwei sind besser, aber drei sind noch besser. Du brauchst‹, sagte sie zu dem Drachen, ›noch einen Kopf, einen dritten, mittleren. Der mittlere Kopf wird jeden Streit zwischen euch schlichten.‹

Die Köpfe sahen sich an und stimmten ihr zu: ›Richtig, es wäre nicht schlecht, wenn wir noch einen Kopf hätten, aber woher sollen wir diesen dritten, mittleren Kopf nehmen?‹

Da sagte Chaja-Bejla etwas, das wohl nur eine Frau sagen kann«, die Tante lächelte, »Männer kommen auf so etwas nicht.«

Die Jungen ärgerten sich natürlich über diese Worte der Tante, die Mädchen aber kreischten freudig, die Erwachsenen lächelten, und die Tante fuhr fort:

»›Also‹, sagte Chaja-Bejla, ›ich werde euer dritter, euer mittlerer Kopf sein.‹

Was meint ihr«, fragte Tante Riwa die Kinder, »waren die Köpfe damit einverstanden oder nicht? Wurde Chaja-Bejla der mittlerer Kopf?«

»Ja!«, riefen wir im Chor, und die Tante nickte.

»Natürlich wurde sie das, und sie schlichtete sogleich den Streit zwischen den Köpfen. ›Ich denke‹, sagte das Mädchen, ›man isst zum Frühstück und zum Abendbrot nicht Dicke und Dünne, sondern Hühnerhälse, Latkes, gefillte Fisch, Borschtsch, Strudel oder Zimes.‹

›Woher sollen wir denn diese Zimes nehmen?‹

›Von meiner Mama‹, sagte das Mädchen, ›sie kocht so gut, dass man sich alle Finger ableckt.‹

›Du hast es gut‹, seufzten beide Köpfe gleichzeitig, ›du hast Finger. Aber ein Drache? Ein Drache hat keine Finger.‹

›Halb so schlimm‹, tröstete Chaja-Bejla die Köpfe, ›dafür hat ein Drache Klauen, die kann man auch ablecken, bestimmt genauso gut wie Finger.‹

›Du bist klug‹, lobte der Drache Chaja-Bejla, ›ein richtiger mittlerer Kopf. Komm, wir gehen zu deiner Mama und probieren ihre Zimes.‹ Und sie brachen zusammen auf ins Schtetl.

Natürlich war man bei Chaja-Bejla zu Hause über den Drachen nicht eben erfreut. Es gab einen furchtbaren Tumult. Zuerst war man besorgt um das Kind: ›O weh! Gleich wird er das Kind fressen!‹ Doch als man bemerkte, dass der Drache Chaja-Bejla nicht bedrohte, sondern sie freundlich und liebevoll ansah, begann das Schimpfen. Und wie man bei uns schimpfen kann, das weiß wohl jeder. Zu sagen, dass es ein großes Geschrei gab, wäre völlig untertrieben. Die Wände wackelten wie bei einem Erdbeben, die Fensterscheiben klirrten, als wollten sie jeden Moment aus dem Rahmen fliegen.

Die Mama schrie: ›Weh mir! Das ist doch kein Mädchen! Das ist eine richtige Räuberin! Wen hast du uns da ins Haus gebracht?!‹

›Diese Atamanin!‹, schrie der Vater. ›Heute ist es ein Drache, morgen bringt sie uns einen Goliath angeschleppt!‹

Die Großmutter prophezeite: ›Aus ihr wird nichts Vernünftiges werden. Das ist kein Kind, das ist ein Stück Unglück auf unser Haupt. Wir haben sie zu sehr verwöhnt! Wir sind selbst schuld! Seht nur – sie lächelt noch!‹

›Schande! Schande über meine Jahre und mein graues Haupt!‹, rief Großvater händeringend. ›Wo hat man je gesehen, dass ein jüdisches Kind dergleichen anstellt? Ein Heiducken-Kosak im Rock!‹

Alle schrien und empörten sich, und wer weiß, wie lange das noch so gegangen wäre, hätte nicht der linke Kopf gesagt: ›Warum beleidigt ihr unseren mittleren Kopf? Wir werden einen von euch zum Abendessen verspeisen müssen.‹

›Und einen zum Frühstück‹, ergänzte der rechte Kopf. ›Mir zum Beispiel gefällt der Großvater sehr gut. Ein wohlgenährter, leckerer Happen, er schmeckt bestimmt genauso gut wie Strudel. Ein besseres Frühstück kann man sich nicht wünschen.‹

Da verstummten natürlich alle sofort, und endlich konnte Chaja-Bejla erzählen: Wie sie den Drachen im Wald ge-

troffen hatte, worüber die Köpfe ge-
stritten hatten und warum sie ihn in
die Stadt mitgebracht hatte.

Diesmal unterbrach niemand das
Mädchen, im Gegenteil, nach jedem
ihrer Worte nickten alle zustimmend –
ja, das hat sie richtig gemacht –, und
Großvater sagte am Ende sogar: ›Besser
einen Happen Strudel abgeben, als
selbst zu einem Happen werden.‹

›Na, dann gebt schon etwas ab von eu-
rem Strudel‹, sagte der Drache, ›ich bin,
ehrlich gesagt, sehr hungrig.‹

›Das ist leicht gesagt‹, sagte die Mutter erschrocken, ›Ausgerechnet heute
habe ich keinen Strudel.‹

›Und was hast du?‹, fragte der Drache.

›Borschtsch‹, sagte die Mutter.

›Borschtsch?‹, staunte der Drache, ›Das
habe ich noch nie probiert. Vielleicht
schmeckt das ja auch so gut, dass ich
mir hinterher die Klauen ablecken
kann.‹

Mama goss dem Drachen Borschtsch
in zwei Schüsseln, eine für den rechten
Kopf, eine für den linken. Der Zweiköp-
fige isst also, und die ganze Mischpo-

che steht um ihn herum und ist natürlich aufgeregt: Vielleicht schmeckt dem Drachen Mamas Borschtsch nicht, und dann frisst er Großmutter oder Großvater zum Abendbrot?

Der rechte Kopf äußerte sich als Erster: ›Es schmeckt gut, aber irgendetwas fehlt. Salz wahrscheinlich.‹

›Nein, ich finde, es ist nicht sauer genug‹, widersprach der Linke wie üblich.

›Und was meinst du, mittlerer Kopf?‹, fragte der Drache das Mädchen.

Chaja-Bejla kostete den Borschtsch und sagte: ›Es ist alles dran, genug Salz, und sauer genug ist er auch, aber es fehlt ein wenig Feuer.‹

›Was für Feuer denn?‹, rief die Mama, und Chaja-Bejla erklärte: ›Es fehlt Paprika, Mamele, Paprika.‹

Die Mutter probierte den Borschtsch und stimmte ihr zu: ›Ja, doch. Tatsächlich! Zu wenig Paprika!‹, sagte sie und würzte den Borschtsch sogleich mit scharfem, feurigem rotem Paprika.

Nun war der Borschtsch ganz nach dem Geschmack des Drachen, so sehr, dass er sich tatsächlich alle Klauen ableckte und noch um Nachschlag bat.

›Das ist‹, sagte er, ›eine richtige Drachenspeise‹, und blieb natürlich im Haus von Chaja-Bejla.

Über mangelnden Appetit konnte der Drache nicht klagen. Mit Genuss verzehrte er Mamas Strudel, Hühnerhälse und gefillte Fisch. Am liebsten aber mochte er den Borschtsch. Den konnte der Drache morgens und abends essen.

Jetzt wisst ihr, warum unser Borschtsch Draches-Borschtsch heißt«, sagte Tante Riwa, und alle nickten dazu: Wir wissen Bescheid.

»Schön, dass ihr das wisst«, sagte Tante Riwa, schaute auf die große Standuhr in der Ecke und rief: »Oh, schon so spät! Die Kinder gehören längst ins Bett. Den Rest erzähle ich euch nächste Woche.«

Wir wollten keine ganze Woche warten und quengelten und bettelten. Der neue Gast war meist auf unserer Seite und meinte, man könne uns doch heute ausnahmsweise mal später ins Bett schicken. Er zum Beispiel würde gern wissen, wie es dem Drachen in der Stadt erging. Auch unsere Eltern waren dafür, schwiegen aber diplomatisch und überließen der Tante die Entscheidung. Nach einer Weile willigte Tante Riwa ein. »Der Wunsch eines Gastes ist Gesetz«, sagte sie und fuhr fort mit ihrem Märchen.

»Ihr wollt also wissen, wie es dem Drachen in ›Ehrliche Ziege‹ erging? Zu Anfang war es nicht leicht. Warum? Weil die Menschen in unserem Schtetl stets sehr religiös waren. Und nun auf einmal ein Drache! Sie stellten sich Fragen, die nicht so leicht zu beantworten waren.

›Darf ein Drache bei Juden leben? Ist das nicht gegen die Gesetze?‹

Niemand wusste das so genau. Schließlich wählten die Leute eine Abordnung und schickten diese Abordnung in das Nachbarschtetl Schpulki. Warum nach Schpulki, werdet ihr fragen, gab es in ›Ehrliche Ziege‹ etwa keinen Rabbi? Doch, natürlich gab es einen Rabbi. Aber wenn man unseren Rabbi Faiwel Sluzker etwas fragte, antwortete er meist: ›Vielleicht ist es so, vielleicht aber auch anders‹, und zuckte mit den Achseln. In Schpulki aber lebte zu jener Zeit der für seine Weisheit berühmte Rabbi Nachman. Aber ob nun unser Rabbi so war und der Schpulki anders, ist gar nicht das Wichtigste – ihr wisst doch sicher, dass ein jüdischen Märchen nicht ohne Rabbi auskommt, und wenn doch, dann ist das eine Ausnahme. Kurz – eine Delegation unserer Juden ging nach Schpulki und fragte Rabbi Nachman, ob ein Drache unter gläubigen Juden leben dürfe oder nicht. Rabbi Nachman war wie gesagt ein weiser Mann, doch auch er überlegte eine Weile, und nachdem er alle Für und Wider abgewogen hatte, erklärte er: ›In unseren Büchern stehen viele Ratschläge und Vorschriften, die uns lehren, was wir tun dürfen und was nicht. Doch über Drachen steht nichts in den Büchern. Und wenn die Bücher nicht sagen ›nein‹, dann heißt das ›ja‹. Denn Schweigen bedeutet Zustimmung und nicht Ablehnung. Darum denke ich:

Mag der Drache ruhig bei euch leben, ich glaube, er kann euch mehr Nutzen bringen als Schaden.‹

Ja, so sprach der alte Rabbi, und er sollte Recht behalten.

Nach einer Weile lernte nicht nur Chaja-Bejlas Familie mit dem Drachen umzugehen, sondern auch andere. Der Drache half mit seinem Feuer den Hausfrauen, Brei und Borschtsch zu kochen, den Bäckern, Challa und Beigel zu backen, und den Schmieden, das Feuer in der Schmiede zu unterhalten. Das alles tat der Drache am Tag, abends aber« – nun wandte sich Tante Riwa wieder an uns Kinder – »wer kann mir sagen, was der Drache abends tat, wer weiß es?«

Die einen sagten: »Er heizte den Samowar an.«

»Ja«, sagte die Tante, »das tat er.«

Andere meinten: »Er schützte die Stadt vor Räubern.«

Wieder nickte die Tante.

»Richtig. Er schützte die Stadt. Aber was noch?«

Schließlich sagte ein Kind: »Er flog mit Chaja-Bejla zum Himmel und zündete die Sterne an.«

Auf diese Worte hatte Tante Riwa gewartet.

»Die Sterne leuchten von selbst«, sagte sie lächelnd, »aber wenn der Drache und das Mädchen zusammen flogen, leuchteten sie noch heller.

Ehrlich gesagt wollte in unserer Familie zuerst niemand davon hören – wo gab es denn so etwas, dass Kinder am Himmel flogen! Doch Chaja-Bejla war ein Trotzkopf, wie ihr wisst, und ihr etwas zu verbieten war nicht so einfach, und außerdem hörte der Drache in allem auf seinen mittleren Kopf, sodass die Familie schließlich, wenn auch zögernd und ängstlich, einwilligte: Soll das Mädchen ruhig fliegen.

Ja, so war das«, sagte Tante Riwa und verstummte plötzlich.

Wir wussten: Das Märchen war gleich zu Ende, doch wir saßen still da und warteten. Endlich sprach Tante Riwa weiter, und Trauer lag in ihrer Stimme.

»Doch eines Tages«, sagte sie, »flog der Drache fort, er verließ unsere Stadt.«

»Warum?«, hauchten wir unsere Trauer aus.

»Warum?«, wiederholte Tante Riwa unsere Frage mehrere Male. »Warum? Weil Chaja-Bejla herangewachsen war. Sie war erwachsen. Heiratete. Bekam Kinder. Eine Familie, einen Haushalt. Sie hatte keine Zeit mehr, zwischen den Sternen herumzufliegen. Und da beschloss der Drache, in seine Heimat zurückzukehren.«

»In seine Heimat?«

»Ja.« Tante Riwa nickte. »Es heißt, auch in Japan gibt es das Sprichwort: Ein Kopf ist gut, zwei sind besser, aber drei sind noch besser. Und außerdem heißt es, dass man dort eine Suppe kocht, die unserem Draches-Borschtsch sehr ähnlich ist – heiß und feurig. Er kehrte also zurück.

Ja, nun wisst ihr«, beendete Tante Riwa ihre Geschichte, »warum unsere Pension ›Blauer Drache‹ heißt und jeder Vierte in unserem Schtetl Draches gerufen wird, auch wenn er gar kein Draches ist.«

Das stimmte. Draches wurden in unserem Schtetl alle genannt, die irgendwie mit der legendären Chaja-Bejla verwandt waren. Auch ich, obwohl ich nach meinem Vater heiße und in allen Papieren Kaganowski steht, wurde in der Schule und auf der Straße nur Draches gerufen. Doch das kränkte mich nicht. Auch Onkel Jefim, Tante Riwas Mann, war nicht gekränkt, wenn er Draches genannt wurde. Er hieß Schwarz, und manchmal scherzte er leise: »Ich bin ein schwarzer Draches.« Onkel Jefim war überhaupt selten gekränkt oder ärgerlich. Er tat alles mit einem Scherz und einem Lächeln ab oder zuckte nur die Achseln. »Schwarz, Draches, Iwanow, Skoropadski oder Mayer – was spielt das für eine Rolle? Ich finde, es gibt Wichtigeres. Zum Bci spiel Migräne oder eine kranke Leber. Das ist was Ernstes. Aber alles andere« – er winkte ab – »ist Unsinn. Man muss die Dinge talmudisch sehen oder, wie ein deutscher Philosoph sagt, dialektisch.«

Und wenn ihn die in der Pension herrschenden Frauen, Tante Riwa und seine Schwester Njura, allzu sehr piesackten, dann stieg Onkel Jefim in den ersten Stock hinauf. Dort oben wohnte in zwei winzigen Pensionszimmerchen Onkel Jefims Busenfreund, der Pole Pan Mazkowiak. Pan Tadeusz Mazkowiak unterrichtete am Gymnasium Latein und Geschichte. Und war Onkel Jefim schon ein stiller Mensch, so war Pan Mazkowiak noch stiller. Worüber mochten diese beiden stillen Männer in Pan Mazkowiaks Zimmer reden? Ich weiß es nicht, ich war damals erst sieben. Vieles kann ich heute nur ahnen oder vermuten. Auf jeden Fall aber spielten sie Schach. Sie liebten dieses Spiel sehr. Vielleicht erörterten sie auch philosophische und religiöse Fragen oder saßen einfach beisammen, schwiegen und betrachteten den Sonnenuntergang. Ich weiß es nicht. Vielleicht taten sie sowohl das eine wie auch das andere. Aber eine Geschichte ist mir in Erinnerung geblieben, die mit Onkel Jefim und mit Pan Mazkowiak zu tun hat und wohl ein wenig zeigt, nach welchen Regeln die Menschen in unserem Schtetl damals lebten.

Unweit der Pension lebte der Chassid Rachimed Kugel. Dieser Rachimed behauptete, er sei ein direkter Nachfahre des legendären Zaddik Samuil aus Dulno. Er redete darüber auf Schritt und Tritt und war überzeugt, diese uralte Verwandtschaft mit dem Zaddik verleihe ihm das Recht, alle zu belehren, Kinder wie Erwachsene. Eines Tages sagte dieser Rachimed also zu Jefim: »Ich verstehe nicht«, sagte er, »wieso verbringen Sie, ein Jude und gebildeter Mann, Ihre Abende nicht mit der Lektüre der Bücher unserer Lehrer oder im Gespräch mit mir, Ihrem Glaubensbruder, sondern reden stattdessen mit diesem Goj, dem Polen?«

Und da sagte der stille Onkel Jefim das, was später in unserem Schtetl zum geflügelten Wort werden sollte: »Sehen Sie«, antwortete er, »ich bin Jude und Pan Mazkowiak ist Katholik. Das heißt, nach dem Tod kommen wir an verschiedene Orte. Er in seinen Himmel, ich in meinen. Darum nutze ich hier die Gelegenheit, mich mit ihm zu unterhalten. Im Jenseits wird das nicht mehr gehen. Sie dagegen« – Onkel Jefim lachte spöttisch – »sind ein Mann ohne Zweifel und wissen auf alles eine Antwort. Worüber soll ich mit Ihnen reden und streiten?«

Am nächsten Tag kursierten Onkel Jefims Worte im ganzen Schtetl und waren in aller Munde. Die Leute lachten, und die Worte des Onkels wurden zur stehenden Redewendung. Ich denke, sie werden bis heute im Schtetl wiederholt. Warum ich sage »ich denke«? Weil drei Jahre später der Krieg zu uns kam und ich seitdem nicht mehr in der Stadt meiner Kindheit war.

Tante Riwa und Onkel Jefim wurden im Wald erschossen, in eben der Krummen Schlucht, in der das Mädchen Chaja-Bejla den Drachen getroffen hatte. Auch meine Eltern und meine Schwester wurden dort ermordet und viele Hunderte anderer Draches, Kaganowskis, Schwarzs, Bejlis und Rabinowitschs, und auch der Lateinlehrer Pan Tadeusz Mazkowiak und der katholische Priester Pater Stefan – der Lehrer und der Priester hatten im Kirchenkeller jüdische Kinder versteckt. Sie alle wurden getötet, ich aber blieb am Leben. Wie? Das ist eine andere Geschichte. Vielleicht erzähle ich sie euch einmal. Aber nicht jetzt. Jetzt sage ich nur, dass schließlich auch meine Zeit heran war. Ich bin gestorben, habe diese Welt verlassen und bin in den Himmel gekommen.

Ich weiß ehrlich gesagt nicht, womit ich das verdient habe. Ich war nie besonders religiös und schon gar nicht ohne Sünde. Aber ich hatte, wie man so sagt, eben Massel und landete hier. Und was meint ihr, wen ich da sah? Onkel Jefim und Pan Mazkowiak. Die beiden saßen im Schatten einer Kastanie und spielten nach alter Gewohnheit Schach.

»Onkel Jefim!«, rief ich, »du hast doch gesagt, du und Pan Mazkowiak, ihr kommt nicht in denselben Himmel! «

Onkel Jefim blickte auf und lächelte.

»Weh mir, was sind das heutzutage für Kinder! Wir haben uns so viele Jahre nicht gesehen, aber statt den Onkel zu umarmen und zu fragen ›Was gibt es Neues?‹, ist er unzufrieden. Dies passt ihm nicht und jenes ist ihm nicht recht. Ich habe mich eben geirrt. Ja, ich habe mich geirrt. Es gibt nur einen Himmel. Einen für alle.«

»Und wo ist Tante Riwa?«

»Dort drüben«, sagte der Onkel und wies mir die Richtung. »Geh nur geradeaus, dann siehst du sie schon.«

Ich ging, und tatsächlich fand ich meine Tante. Sie saß in dem Sessel, der bucklig ist wie ein Kamel. (Wie dieser Sessel in den Himmel gekommen ist, weiß ich nicht.) In ihren Händen blitzten Stricknadeln. (Wer im Himmel warme Socken braucht, weiß ich auch nicht.) Tante Riwa jedenfalls strickte und erzählte dabei ein Märchen.

Neben mir standen viele Menschen. Frauen. Männer. Kinder. Einige erkannte ich. An sie konnte ich mich erinnern. Doch die meisten waren mir unbekannt. Sie alle hörten Tante Riwa zu. Und auch ich lauschte dem Märchen, das sich einst wirklich zugetragen hat.

»In einer kleinen Stadt im Karpatenvorland gab es einmal eine Pension, die hatte einen ungewöhnlichen Namen: Sie hieß ›Blauer Drache‹ …«

Und da beschloss ich, diesen Brief zu schreiben, an euch, meine Enkel und Urenkel, damit auch ihr die Stimme meiner Tante Riwa hören könnt. Einen Brief aus dem Paradies. Ob er euch wohl erreicht?

Das Album

Von all meinen zahlreichen nahen und entfernten Verwandten, Onkeln und Tanten mochte ich einen am liebsten, auf seinen Besuch wartete ich stets sehnsüchtig: den jüngeren Bruder meines Großvaters, Onkel Nathan. Großvater selbst spielte bei diesem meinem Sympathiewettbewerb keine Rolle. Er war einfach Großvater, vertraut und geliebt. Aber gleich nach Großvater kam Onkel Nathan.

Großvater und Onkel Nathan unterschieden sich von der übrigen, eher schmächtigen Verwandtschaft nicht nur durch ihre Köpergröße, sondern auch durch ihr erstaunliches Wesen, das sich vor allem in ihrem besonderen Verhältnis zu der Welt, in der sie lebten, äußerte. Wie echte Goldsucher vermochten sie im grauen, langweiligen Sand des Alltags leuchtende Splitter von Komischem und Witzigem zu entdecken. Beide verstanden sich wunderbar auf das Erzählen von Anekdoten, Geschichten, Märchen und Gleichnissen. Sie kannten eine Unzahl davon, und selbst Altes, längst Bekanntes klang aus ihrem Mund immer wieder neu und anders.

Jeder der beiden hatte seine eigene Art zu erzählen. Die Geschichten von Onkel Nathan waren komisch und lebensnah zugleich, während die von Großvater fast immer außer Humor auch eine bizarre, chassidische Mystik enthielten.

»Ich bin ein glücklicher Mensch«, sagte Großvater, »und wisst ihr, warum? Weil ich eine liebe Frau, gesunde Kinder und Enkel habe. Arbeit habe ich auch genug und auch«, in diesem Moment machte mein Großvater eine Pause und sagte ganz ernst: »weil ich eine erstaunliche Kappe besitze. Das ist ein echter Schatz: Dank dieser Kappe werde ich nie von Neid gepeinigt, und auch Langeweile plagt mich nie. Meine Kappe ist unbezahlbar!«

Wer dies hörte, schaute erstaunt auf Großvaters abgetragene Kopfbedeckung und verstand nicht, was daran so Besonderes war.

»Was heißt hier – was?«, rief Großvater

beleidigt. »Sie verstehen einfach nichts von solch ungewöhnlichen Dingen. Sie sind, verzeihen Sie, ein Profan. Schauen Sie« – Großvater nahm die alte Kappe ab und zeigte seinem Gegenüber die Löcher im Gewebe – »durch diese Löcher kommen Geschichten und Witze. Sie haben es auf meiner Glatze warm und gemütlich. Bei Bedarf nehme ich die Kappe ab, hole die Geschichten hervor und erzähle sie. Jetzt verstehen Sie, warum einige alte jüdische Schneider solche löchrigen Kappen haben. In unserem Schtetl aber bin ich der Einzige, der eine solche besitzt. Und Sie meinen, das sei eine ganz gewöhnliche Kappe. Ha! Glauben Sie mir, eine solche Kappe besitzt nicht einmal die englische Königin. Erstens ist sie keine Schneiderin, zweitens keine Jüdin und drittens – und das ist das Wichtigste – hat sie keine Glatze. Ich bin sicher, auch jetzt steckt etwas in meiner Kappe«, sagte Großvater, besah aufmerksam das Futter und rief freudig: »Eine alte Bekannte ist in meine Kappe geflogen. Sie möchte offenbar, dass ich sie euch erzähle. Natürlich nur, wenn ihr nichts dagegen habt.«

Selbstverständlich hatte niemand etwas dagegen, und Großvater begann zu erzählen.

»Wir alle wissen natürlich, dass die ersten Zaddiks in den alten Zeiten echte Wundertäter waren. Aber es ist schwer zu sagen, wer von ihnen darin am stärksten war, denn ihre Schüler stritten häufig darüber, welcher ihrer Lehrer die größte übernatürliche Gabe besaß.

Die einen sagten, das sei natürlich der große Mordechai ben Eliser aus Borschtschagowka, denn er könne das Wetter vorhersagen und irre dabei nie. Vor seiner Haustür hing immer ein Laken auf einer Leine. Jeden Morgen ging Mordechai ben Eliser zu dem Laken und befühlte es. War das Laken nass, regnete es, war es trocken und warm, war es klar und sonnig. War das Laken aber kalt und trocken, gab es starken Frost. Hing das Laken still und regte sich nicht, schloss der Zaddik daraus, dass kein Wind wehte, blähte es sich hingegen und flatterte, so meldete der Zaddik, es sei ein windiger Tag. Und wahrlich, er irrte sich nie, selbst wenn kein Laken auf der Leine hing. Dann erklärte er mit der Sicherheit eines Wahrsagers, das Laken sei gestohlen worden und das sei das Werk der Mischnaiden, welche auf diese Weise seine Macht und Größe als großer Prophet schmälern wollten.

Andere Chassiden behaupteten, ihr Lehrer, der in der ganzen jüdischen Welt verehrte Reb Isroel Ber, sei der größte Zaddik, denn Isroel Ber faste seit Jahren und esse nichts. Aber da er frei von allem Hochmut war und zudem von großer Bescheidenheit, nahm er zum Schein, damit niemand etwas von seiner geistlichen Großtat ahnte und seine Heiligkeit und Stärke pries, hin und wieder etwas zu sich, aber nur dreimal am Tag.«

Die Zuhörer lachten, und Großvater fuhr fort: »Ich aber denke, der größte Zaddik war Maggid Schmuel Leib. Er war ein Wanderprediger und immer unterwegs. Er reiste von Schtetl zu

Dorf, von Dorf zu Vorwerk, von Vorwerk zu Schtetl.

Darum ereilte ihn zuweilen der Sabbat, der heilige Tag der Ruhe und des Nachdenkens, unterwegs. Was tun? Fahren war nicht erlaubt. Zu Fuß war der Weg zu weit. Also sprach er ein Gebet, und was geschah? Links war Sabbat. Rechts war Sabbat. Vor und hinter ihm war ebenfalls Sabbat. Doch dort, wo der Rebbe mit seinem Wagen fuhr, war Freitag.«

Großvater setzte seine Kappe wieder auf und sagte: »So ereilt auch mich zuweilen der Sabbat bei der Arbeit, dann denke ich an Schmuel Leib, spreche ein Gebet, erkläre ihm, dass mein Kunde wartet, ein junger Bräutigam, der in zwei Tagen Hochzeit feiert, und dass erst die halbe Arbeit getan ist, und dann – o Wunder! – ist ringsum Sabbat, an meiner Nähmaschine aber ist Freitag.«

Eines Tages fragte ich Großvater, woher er seine Anekdoten und Geschichten genommen habe, als er noch keine Glatze hatte und seine Kappe noch neu war, ohne Risse und Löcher. »Du willst wissen, woher ich meine Geschichten früher nahm, vor vielen Jahren?«, wiederholte Großvater meine Frage.

Ich nickte. »Ja, das möchte ich wissen.«

Großvater legte seine Schneiderarbeit beiseite, hob mich auf seinen Schoß und sagte ganz ernst: »Früher, als ich noch jung war, holte ich meine Geschichten nicht aus meiner Kappe, sondern aus den Ärmeln meiner Weste. Aus dem rechten die traurigen und aus dem linken die lustigen.«

»Aber eine Weste hat doch keine Ärmel«, sagte ich erstaunt.

»Du irrst«, entgegnete Großvater, »eine jüdische Weste hat Ärmel, aber sie sind immer abgeschnitten.«

An diesem Tag erfuhr ich nicht mehr, warum die Ärmel einer jüdischen Weste immer abgeschnitten waren, denn aus der Küche ertönte die mürrische, unzufriedene Stimme meiner Großmutter.

»Isroel, verwirr dem Kind nicht den Kopf mit deinen Majßeß! Er muss

Hausaufgaben machen. Er hat eine Vier in Schönschreiben. Näh deine Hosen und spar dir deine Witze und Scherze für deine Kunden auf.«

Denn mit ihnen trieben Großvater und Onkel Nathan auch ihre Scherze. Die Brüder scherzten immer und überall, und zwar wie echte Profis: gelassen, ohne zu lächeln, mit gerunzelter Stirn, als dächten sie über etwas Wichtiges, Bedeutendes nach. Darum wusste man bei ihnen nie, ob sie etwas ernst meinten oder ob sie mal wieder Theater spielten. Erst am Ende der Vorstellung wich die tiefsinnige Miene vom Gesicht der Brüder, und sie entluden sich in fröhlichem Gelächter.

Onkel Nathan war Fotograf. Er und seine Frau, Tante Fanja, lebten nicht in Cholmsk. Sie lebten in Pachomowka. Aber mindestens drei, vier oder auch fünf Mal im Jahr besuchten sie uns in Cholmsk. Die Anlässe dafür waren verschieden und immer wichtig. Hochzeiten. Beerdigungen. Jubiläen. Bar-Mizwas. Unsere Familie war groß. Außerdem stammte Onkel Nathans

Frau, Tante Fanja, ebenfalls aus Cholmsk, und ihre Mischpoche war noch größer als unsere. In Pachomowka hatten wir niemanden außer Onkel Nathan und Tante Fanja, und einfach so zu verreisen, ohne besonderen Anlass, war bei uns nicht üblich und auch zu aufwendig. Wir lebten damals nicht eben üppig. Zum Reisen brauchte man einen gewichtigen Grund. Und solche Gründe gab es nicht in Pachomowka, sondern bei uns in Cholmsk, also kamen Onkel Nathan und Tante Fanja zu uns, in ihre Heimat. Wenn Onkel Nathan anreiste, legte Großvater seine Arbeit beiseite und ging seinen Bruder abholen. Ich begleitete ihn dabei immer.

Der Zug, mit dem Onkel Nathan und Tante Fanja kamen, fuhr weiter, er hielt bei uns nur ein paar Minuten, und in dieser Zeit mussten die zahlreichen Gepäckstücke von Onkel Nathan und Tante Fanja ausgeladen werden. Zuerst kam die kleine, rundliche Tante Fanja herausgeschossen, wie immer in ihre Lieblingsfarbe Rot gekleidet. Sie stellte ihre hundertmal geflickte und gestopfte Segeltuchtasche auf den Boden, umarmte mich zärtlich und küsste mich. »O, Herschele, bist du aber gewachsen!« Dann sagte sie übergangslos in völlig anderem Ton: »Pass auf die Sachen auf und fang keine Grillen. Wenn, Gott behüte, etwas gestohlen wird, dann muss dein Vater, um für den Schaden aufzukommen, seine letzten Hosen versetzen.«

Ich wusste natürlich, dass das ein Scherz war, stellte mir aber trotzdem vor, wie mein Vater ohne Hosen durch die Straße lief, und lachte. Tante Fanja sagte ärgerlich: »Hör sofort auf!«, versetzte mir einen leichten Klaps und schwebte nun ohne Tasche wie ein Luftballon zurück in den Waggon.

»Isroel, was stehst du da wie angewurzelt?«, rief sie Großvater von dort zu und winkte mit ihrem runden Arm. »Oder willst du, dass die Sachen alle wegfahren?«

Großvater folgte der Tante in den schwarzen Schlund des Waggons.

»Wo ist Nathan?«, drang seine Stimme aus der dunklen Tiefe.

»Hier, hier ist dein geliebtes Bruderherz«, rief Tante Fanja erneut, »wo soll er schon sein? Trag lieber die Sachen raus, sonst fahren sie noch weg.«

Onkel Nathan schleppte die Sachen aus dem Abteil durch den Waggon. Großvater brachte sie hinaus auf den Bahnsteig. Ich bewachte sie. Tante Fanja befehligte das Ausladen von der Wagenplattform aus.

»Vorsichtig«, mahnte sie, »zerschlagt die Flasche nicht. Sie ist aus Glas. Es ist Wein drin.«

Neben mir türmte sich ein wachsender Berg südländischer Leckereien, die es bei uns in Cholmsk nicht gab: Kisten mit Pfirsichen und Paprikaschoten. Mit Reben verzierte Weinflaschen. In Zeitungspapier gewickelte und in Leinensäcken steckende, doch trotz der sorgfältigen Verpackung kräftig und appetitanregend duftende geräucherte Brassen. Und natürlich zu Zöpfen geflochtene blaue, süße Zwiebeln, die Großmutter für die Zubereitung von gefülltem Fisch brauchte, Tomaten – frische in Bastkörben und eingesalzene in Gläsern in milchig-trüber Lake – und viele, viele andere Reichtümer vom Markt in Pachomowka, einem kleinen Städtchen, in dem die Steppe an den salzigen Rücken des Schwarzen Meeres stieß.

Schließlich, als bis zur Abfahrt des Zuges nur noch Sekunden blieben und die Schaffner dem Onkel und Großvater bereits zuriefen: »Bürger, beeilen Sie sich! Wir sind nicht befugt, den Zug aufzuhalten! Himmeldonnerwetter …!«, brachte Onkel Nathan seine wichtigsten Schätze heraus – zwei Koffer. Einer davon war eine Holztruhe aus dunklem Nussbaumholz. Sie enthielt einen tragbaren Fotoapparat, das heißt, die Truhe war der Fotoapparat. Im zweiten Koffer, der aus Leder war, lag eine große Lampe mit Reflektor. Großvater folgte seinem Bruder und trug die in akkuraten Leinenhüllen steckenden Stative. Ich beobachtete stets mit Begeisterung und Staunen, wie geschickt der Onkel Vorder- und Rückwand des Holzköfferchens aufklappte, rasch die Harmonika entfaltete, an deren Ende sich das Objektiv befand, den Sucher öffnete und die Höhe einstellte, um den Apparat zum Fotografieren bereit zu machen.

Onkel Nathan verewigte sämtliche Familienereignisse. Vielleicht wäre es einfacher gewesen, zu einer Hochzeit, einem Jubiläum oder einer Bar-Mizwa einen Fotografen aus Cholmsk zu bestellen. Aber erstens war der Onkel ein Verwandter und bei den Familienfeiern ohnehin anwesend, und zweitens wäre er beleidigt gewesen, hätten wir zum Fotografieren jemanden anderen geholt.

Bei Hochzeiten und Jubiläen bestand der Onkel immer darauf zu fotografieren, bevor sich alle an den Tisch setzten. »Ihr schlagt euch doch so den Bauch voll, dass ihr nachher nicht mehr ins Objektiv passt.«

Die Erwachsenen hätten gern ein Gläschen getrunken, unterm Tisch die engen, nur wenige Male im Jahr getragenen Ausgehschuhe abgestreift und sich entspannt, doch der Onkel ließ keine

Ruhe, und schließlich fügten sich alle und spielten die Statisten in dem von ihm inszenierten Spektakel.

Der Onkel überschlug rasch, wie viele Stühle gebraucht wurden, wie viele Bänke und Hocker, und ordnete an, das Benötigte aus dem Haus zu bringen, sofort und unverzüglich. Waren nicht genug Möbel vorhanden, wurden noch welche von den Nachbarn geliehen.

Im Sommer fotografierte er hinterm Haus, in dem kleinen, verwilderten Garten vor einem alten Apfelbaum. Im Winter im Zimmer, wobei die Männer zuvor den bereits gedeckten Festtagstisch beiseite rücken mussten. Da alle wussten, dass der Onkel ohnehin nicht umzustimmen war, arrangierten sie Stühle und Hocker nach seinem Plan. Dann baute der Onkel seinen Fotoapparat auf, richtete das Licht ein und platzierte die zu Fotografierenden.

»Maja, stell dich neben Jascha. Fira, rück näher an Manja ran. Ljowa, du geh rüber nach rechts, und leg deine Hand auf Klawas Schulter.«

»Das verstehe ich nicht«, protestierte Ljowas Frau, Tante Mirjam, beleidigt, »wieso soll mein Mann nicht neben mir stehen und die Hand auf meine Schulter legen? Warum soll er neben Klawa stehen?«

»Dein Mann ist brünett«, erklärte Onkel Nathan, »und auf einem Foto ist es immer vorteilhaft, wenn ein Brünetter neben einer Blondine steht.«

»Ich habe mir gerade vorgestern die Haare frisch gefärbt«, sagte Tante Mirjam.

»Na so was, das habe ich gar nicht bemerkt!«, rief der Onkel erstaunt. »Wahrscheinlich war die Farbe nicht besonders gut. Aber wenn du jetzt eine Blondine bist, Mirjam, dann meinetwegen. Mag dein Mann auf seinen Platz zurückkehren. Ljowa, stell dich wieder neben deine Frau und leg ihr die Hand auf die Schulter.«

Der Onkel strebte immer nach salomonischen Lösungen. War zum Beispiel die Braut größer als der Bräutigam, setzte er sie dem Auserwählten auf den Schoß oder ließ den Bräutigam vor ihr niederknien. Mit dem Ergebnis waren stets alle zufrieden. Die Braut. Der Bräutigam. Die Verwandten und auch Onkel Nathan selbst.

Während er sich um all dies kümmerte – die Anordnung der Stühle, die Beleuchtung, die Platzierung –, floss er über vor Scherzen und Witzen, wobei er zuweilen vergaß, dass Kinder anwesend waren. Man ermahnte ihn: »Nathan, was sind das für Ausdrücke?«

»Ja, natürlich, ihr habt Recht«, entschuldigte sich der Onkel, und dann wandte er sich an mich und meine Cousins Borka und Wowa: »Kinder«, sagte er, »benutzt nie das Wort ›Scheiße‹. Das ist ein schlechtes, sehr schlechtes Wort. Kinder, habt ihr euch gemerkt, welches Wort man nicht sagen darf?«, fragte er streng und todernst.

»Ja«, antworteten wir und fielen dabei vor Lachen fast vom Stuhl, »das Wort ›Scheiße‹ darf man nicht sagen.«

»Ein gutes Gedächtnis«, lobte uns Onkel Nathan. »Und wer von euch weiß, welche schlechten Wörter man außerdem nicht sagen darf?«, fragte er uns, und wir legten los …

Dann gab es Krach. Besonders stürmisch empörten sich Tante Fanja und meine Großmutter.

»Diese Blumenfelds – eine Schmach und eine Schande. Besonders Nathan!«, rief Tante Fanja.

»Meinst du, mein Isroel ist besser? Hundertmal schlimmer! Womit haben wir nur Gott erzürnt? Wofür werden wir so gestraft?« Großmutter wies auf die anständige Seite der Verwandtschaft.

Auch die Verwandtschaft entrüstete sich. Aber, das muss ehrlich gesagt werden, nicht so lautstark wie Großmutter. Lustig zumute war nur uns Kindern, Großvater Isroel und Onkel Nathan. Die beiden Dicken lachten laut und fröhlich, wie nur glückliche Menschen ohne Sünde lachen können.

Doch nach einer Weile beruhigten sich alle wieder. Der Onkel erteilte der bereits nach seinen Anordnungen arrangierten Verwandtschaft die letzten Anweisungen und warf sich ein schwarzes Tuch über den Kopf. Er schaute ein, zwei Sekunden in den Sucher, steckte den Rahmen mit der Fotoplatte in den Apparat, und dann kam der feierliche Moment.

»Achtung«, sagte der Onkel, »gleich kommt das Vögelchen rausgeflogen!«, und riss mit einer raschen Bewegung die schwarze Samtscheibe vom Objektiv.

Alle erstarrten für einen Augenblick, ehe sie erleichtert aufatmeten: »Uff! Endlich ist es rausgeflogen!« Dann nahmen sie Stühle, Sessel und Hocker und gingen zum Tisch.

Die Männer lockerten ihre Krawatten und boten Onkel Nathan ihre Hilfe beim Abbau an. Aber er lehnte stets ab, denn er vertraute seine Schätze niemandem an. Er schraubte eigenhändig die Stative ab, legte den Fotoapparat zusammen, packte die Lampe in den Koffer und brachte alles an einen verborgenen Platz hinterm Schrank.

»Wo willst du hin mit deinem Safe?«, scherzten die Verwandten. »Dein Vögelchen ist noch nicht zurückgekommen. Sieh nach.«

Onkel Nathan antwortete: »Das habe ich schon. Es ist an seinem Platz.«

Er legte das Ohr an die polierte Wand des Holzkastens und sagte todernst: »Es zwitschert. Wollt ihr mal hören?«

»Nathan, nach so vielen Jahren könntest du dir mal einen anderen Witz ausdenken. Der mit dem Vögelchen ist langsam langweilig.«

Onkel Nathan runzelte die Stirn.

»Was sind das nur für Menschen. Sie glauben an nichts.«

»Scher dich nicht um sie, Nathan« – Großvater schenkte seinem Bruder ein Gläschen ein – »das Wort ›Scheiße‹ nehmen sie nicht in den Mund, das ist unanständig, das darf man nicht, aber Schweinefleisch essen und nicht in die Synagoge gehen, nicht mal am Jom Kippur, das ja. Wie sollen sie dein Vögelchen singen hören, Nathan? Was ist von ihnen zu erwarten? Komm, lass uns lieber trinken. Lechaim!«

»Lechaim!« Onkel Nathan erhob sein Glas.

Die Gäste wussten wie immer nicht, ob die Brüder es ernst meinten oder ob das die Einleitung zu einem neuen Scherz war.

Nach zwei, drei Tagen fuhren Tante Fanja und Onkel Nathan wieder zurück nach Pachomowka. Wir brachten sie zum Bahnhof, und Großvater sagte: »Na dann, bis zur nächsten Hochzeit.«

»Ich glaube«, sagte Tante Fanja, »Assjas Edik feiert in zwei Monaten Bar-Mizwa.«

»Gut, dass wir eine so große Mischpoche haben«, sagte Großvater, und Onkel Nathan nickte.

»Schlecht ist nur, dass sie an nichts glauben. Nicht an deine löchrige Kappe und nicht an mein Vögelchen. Wie kann man leben und an nichts glauben?«

»Sei nicht traurig«, beruhigte ihn Großvater. »Du weißt doch, kein Mensch ist perfekt. Aber alles hat sein Plus und sein Minus. Und zweimal Minus macht Plus.«

»Und dreimal Minus?«

Großvater lachte.

»Du bist noch schlimmer als ich.«

»Schlimmer geht nicht.«

»Dann bis zu Ediks Bar-Mizwa«, sagte Großvater.

»Bis zur Bar-Mizwa«, erwiderte Onkel Nathan und sprang auf das Trittbrett des bereits anfahrenden Zuges.

»Nathan, steig endlich ein!«, rief Tante Fanja. »Du wirst runterfallen und dir die Beine abfahren lassen.«

Die Lokomotive heulte zum Abschied. Eine Dampfwolke hüllte uns ein. Die Wolke blieb bei uns, Onkel Nathan und Tante Fanja aber fuhren nach Pacho-mowka.

»Bis zur Bar-Mizwa«, wiederholte Großvater, nahm mich an die Hand, und wir gingen gemächlich nach Hause.

Im letzten Vorkriegssommer, genauer gesagt Ende Mai, zu Beginn der Ferien, tagte bei Großvater im großen Zimmer der Familienrat: Großmutter, Mama, Papa, Großvater Isroel und Mamas Schwester, Tante Mirjam. Meinetwegen. Ich war den ganzen Winter krank gewesen. Anginen hatten sich mit Grippen und Katarrhen abgewechselt. Einige Ärzte rieten zur Operation, zur

2/20 AKil

Entfernung der Mandeln, andere sagten: »Das Kind braucht Kräftigung. Er muss in ein Sanatorium am Meer.«
Kurschecks für ein Sanatorium waren teuer und zudem schwer zu beschaffen. Sie wurden von den Gewerkschaften vergeben. Vorrangig an Arbeiter aus Produktionsbetrieben. Arbeiter gab es in unserer Familie nicht. Großvater war Schneider, also Handwerker, nach sowjetischen Begriffen beinahe ein Kapitalist, Papa arbeitete zwar in einem Rüstungsbetrieb, aber er war Ingenieur und galt als Angestellter. Die Familie erwog alle möglichen Varianten und Möglichkeiten, wo und wie man einen Kurscheck für mich ergattern könne. Das Wort führten die Frauen. Papa schwieg wie üblich. Auch Großvater hielt sich lange aus der Diskussion heraus, saß an seiner Nähmaschine und nähte.
Ich stand hinter der Tür, obwohl Lauschen in unserer Familie als ungehörig galt, aber schließlich ging es um keinen anderen als um mich, deshalb verfolgte ich durchs Schlüsselloch jedes Wort.

Plötzlich hörte Großvater auf zu nähen und erklärte laut, wegen ein bisschen Rotz Geld zu zahlen und in Kurorte zu fahren, das sei meschugge – wahrhaftig verrückt und eine Verschwendung. Er habe einen anderen Vorschlag.

»Der Junge fährt nach Pachomokwa. Dort ist Meer. Dort gibt es Früchte. Dort sind Nathan und Fanja. Dort wird es ihm gut gehen, ihr werdet sehen. Und Fanja und Nathan werden glücklich sein.«

So fuhr ich in jenem Sommer nach Pachomowka.

Ganze Tage verbrachten Mama und ich am Strand. Ich aalte mich im heißen Sand, kurierte meine Kieferentzündung mit Sonnenwärme und lernte schwimmen. Schon nach einer Woche konnte ich reglos auf einer Welle liegen und, den Kopf in den Nacken gelegt, zum Himmel schauen. Dort zogen die aus den Steppen kommenden Wolken dahin wie behäbige Fische. Sie zogen in Richtung Bosporus, wurden durchsichtiger als Glas und verschwanden. Dann kamen immer neue. Ich lag da, schaute auf diese endlosen Himmelsfische und dachte: »Wie mag er sein, dieser Bosporus?«

Tante Fanja und Onkel Nathan gingen nie ans Meer. Onkel Nathan arbeitete. Tante Fanja besorgte den Haushalt. Sie lebten am Bahnhof, zehn Minuten entfernt vom Strand, in einem kleinen Haus mit Anbau. Im Anbau befand sich Onkel Nathans Fotoatelier. Haus und Anbau hatte der Onkel von seinem eigenen Geld selbst errichtet. Das Haus war sein Eigentum, der Anbau jedoch gehörte dem Staat.

Darum war Onkel Nathan Eigentümer und Angestellter zugleich. In den Papieren wurde er offiziell als Direktor geführt und Tante Fanja als Hilfsarbeiterin. Einmal im Monat zahlte der Direktor, Onkel Nathan, Tante Fanja korrekt ihr Gehalt. Im Atelier ließ Tante Fanja sich fast nie blicken. Onkel Nathan räumte sein, wie er es nannte, schöpferisches Laboratorium selbst auf, damit, Gott behüte, nichts verlegt oder verrückt wurde. Tante Fanjas Arbeitsplatz, ihr Laboratorium, waren der kleine Gemüsegarten, ein Dutzend Hühner, Markt und Küche.

Onkel Nathan scherzte ironisch: »Jetzt versteht ihr, warum meine Frau rote Röcke und Kleider liebt – sie ist nämlich das rote Proletariat, und ich bin ein verfluchter Kapitalist und Ausbeuter.«

Im Atelier, einem niedrigen, quadratischen Zimmerchen mit schräger Decke, standen in der Mitte ein gewaltiger hölzerner Fotoapparat, ihm gegenüber ein bis auf die Sprungfedern durchgesessener Sessel mit bronzefarben gestrichenen Armlehnen und an den Seitenwänden zwei Reflektorlampen auf Stativen. Fünf Meter entfernt, hinter dem Sessel, hing ein langer grüner Vorhang vor der Stirnwand. Dahinter befanden sich Sperrholzdekorationen mit Löchern. Wer sich in diesen Dekorationen fotografieren lassen wollte, um eine exotische Fotografie zu besitzen, steckte seinen Kopf durch eines dieser Löcher. An die bemalten Sperrholzplatten waren Räder geschraubt, sodass man sie leicht bewegen konnte. Eines der Bilder zeigte drei Personen, die auf umgekippten Bänken und Tischen standen: eine Frau, einen Mann und einen Jungen. Der Mann hielt in der Rechten eine Flinte mit langem Lauf, in der Linken einen Säbel.

»Das sind die Pariser Kommunarden«, erklärte Onkel Nathan, »die hat mein Freund gemalt. Der Maler Semjon Milman. Ein großer Künstler.«

Die Sperrholzkommunarden hatten natürlich anstelle des Kopfes ein Loch. Selbst ein sehr dicker Kunde konnte sein Vollmondgesicht da durchstecken und so ein Pariser Kommunarde werden.

»Der Mann in der Mitte«, erklärte der Onkel weiter, »ist der oberste Kommunarde – Robespierre. Der Junge heißt Gavroche. Über ihn hat übrigens der französische Schriftsteller Victor Hugo ein Buch geschrieben – sehr zu empfehlen. Und das ist Jeanne d'Arc« – er zeigte auf die Frau mit der Fahne in der Hand.

»Onkel Nathan«, bemerkte Mama, »Jeanne d'Arc lebte viel früher als Robespierre.«

»Na und?«, entgegnete der Onkel kein bisschen verlegen. »Jeanne d'Arc hat die Kommunarden inspiriert. Bei Künstlern nennt man das eine Muse. Und Musen sind unsterblich.«

Dagegen ließ sich kaum etwas einwenden.

Einmal ließen Mama, Tante Fanja und ich uns in dieser Dekoration fotografieren. Ich war Gavroche, Mama Jeanne d'Arc und Tante Fanja Robespierre.

Onkel Nathan schaltete die Lampen an, bereitete alles für die Aufnahme vor, befahl Mama, sie solle zu ihm schauen, also zu Onkel Nathan, und nicht zu Gavroche, also zu mir, und sagte dann wie immer: »Achtung, gleich kommt das Vögelchen rausgeflogen.«

Auf zwei anderen Bildern hinter dem grünen Vorhang waren andere Sujets, nicht aus Paris. Eines zeigte einen Piloten und seinen Kopiloten, natürlich ohne Gesichter. Die kühnen Mienen sowjetischer Flieger waren ausgespart, dafür waren Bordwand und Tragflächen des Flugzeuges mit fünfzackigen

Sternen verziert. Allerdings fehlte das Heck. Das erschien mir seltsam. Aber Onkel Nathan sagte, das sei eine brandneue Konstruktion. Ich hatte keinen Grund, dem Onkel nicht zu glauben. Wenn er es sagte, war es eben eine brandneue Konstruktion.

Auf dem dritten Werk von Onkel Nathans Freund Semjon Milman waren ein Dshigit und ein Fräulein auf einem schneeweißen Pferd. Der Dshigit umschlang den Hals des Pferdes, das Fräulein den Dshigiten. Dieses Bild gefiel mir nicht. Zu jener Zeit interessierten mich Frauen noch nicht. Ganz im Gegensatz zu dem Flugzeug neuester Konstruktion. Damit würde ich in der Schule prahlen können.

Onkel Nathan war natürlich sofort bereit, mich darin zu fotografieren. Aber Mama widersprach: »Nein! Lass Onkel Nathan in Ruhe. Er und Tante Fanja haben ohnehin schon genug Umstand mit uns.«

Mama fürchtete immer zu stören, anderen zur Last zu fallen. Aber in diesem Fall hatte sie Unrecht. Onkel Nathan und Tante Fanja hatten keine eigenen Kinder und freuten sich wirklich über unseren Besuch.

Mamas kategorisches Nein enttäuschte mich sehr, und ich wollte schon beleidigt losheulen, aber Onkel Nathan flüsterte mir leise zu, sodass Mama es nicht hörte und ihre pädagogische Autorität nicht untergraben wurde: »Ich fotografiere dich, wenn der Sommer zu Ende geht, bevor ihr heimfahrt.«

Als der Sommer zu Ende ging, wurde ich nicht fotografiert. Als der Sommer zu Ende ging, war bereits Krieg. Aber damals, Anfang Juni, konnten wir uns noch aus nichtigen Anlässen freuen oder enttäuscht sein.

Diese Junitage waren für mich erfüllt mit der Liebe zum Meer und die Abende mit den Geschichten des Onkels. Abends aßen wir nicht im Garten, wo nach Sonnenuntergang die Mücken wüteten, sondern im kleinen Wohnzimmer, das Tante Fanja und Onkel Nathan vorübergehend als Schlafzimmer diente – ihres hatten sie uns überlassen. Wenn das Abendessen beendet war, kam der lang ersehnte Augenblick. Ein frisches Tischtuch wurde aufgelegt, und Onkel Nathan holte Fotoalben aus dem Schrank.

Zu jedem Foto erzählte er lange, lustige Geschichten mit endlosen biografischen Details.

Besonders mochte ich die Geschichten aus dem sogenannten »historischen Album«. Es enthielt Fotos, die der Onkel noch vor der Revolution gemacht hatte. Dieses Album war mit rosa Plüsch bezogen, und auf dem Deckel prangte ein Metallschild mit der eingravierten Inschrift: »Kunstfotograf Nathan Blumenfeld«.

Der Onkel schlug das Album auf, blätterte die festen Kartonseiten um, auf denen die Fotos in akkurat aufgeklebten Fotoecken steckten, und fand bald, was er suchte.

»Ihr erinnert euch doch an die Anekdote vom Schneider und der Ziege?«, fragte Onkel Nathan und zeigte auf das Foto eines breitschultrigen Mannes, der eine bockende Ziege hinter sich her zog.

»Ja.« Mama und ich nickten. Das war Großvaters Lieblingsanekdote, die kannte jeder in unserer Familie.

»Das hier ist der bedauernswerte Schneider«, sagte der Onkel. »Er hieß Benjamin Schneerson und lebte damals, genau wie wir, in Sosnowka. Er war ein guter Mensch, still und ruhig.«

»Ihr habt in Sosnowka gelebt?«, fragte ich.

»Natürlich. O, wo haben Tante Fanja und ich nicht alles gelebt – in Sosnowka, in Cholmsk …«

»In Cholmsk seid ihr geboren«, unterbrach ich ihn.

»Ja, Cholmsk ist meine und Fanjas Heimat. Und nun leben wir in Pachomowka, und von hier werden wir nicht mehr weggehen. Dafür haben wir nicht mehr das Alter und auch nicht mehr die Kraft. Reisen ist beschwerlich, aber früher… Da sind wir viel herumgezogen. Wir haben sogar ein halbes Jahr in der Hauptstadt gelebt. Nicht wahr, Fanja?«

Tante Fanja nickte zustimmend.

»Schaut euch dieses Foto an.« Onkel Nathan zeigte auf eine vergilbte Aufnahme. »Hier, der Mann mit dem Koffer, neben dem Beamten in Uniform. Das habe ich auf dem Petersburger Bahnhof aufgenommen. Wie der Beamte heißt, weiß ich nicht, aber mit dem Besitzer des Koffers habe ich mich anschließend angefreundet. Er war Handlungsreisender, darum der riesige Koffer. Aber nicht der Koffer ist wichtig, sondern sein Besitzer. Ich sage euch, so geistreiche Menschen wie ihn habe ich selten getroffen. Er hieß Chaim Kaplan, und vieles, was ihm auf seinen Reisen widerfahren ist, wurde später zu Anekdoten, die in ganz Galizien und Litauen erzählt wurden. Überhaupt will ich euch sagen: Jede jüdische Anekdote beruht auf einer wahren Geschichte über reale Menschen, und viele dieser ›historischen Personen‹ habe ich gut gekannt.« »Und darum nennt ihr dieses Album das ›Historische‹«, sagte ich, und Onkel Nathan lobte mich: »Kluger Junge, richtig!«

Dann blätterte er rasch ein paar Seiten weiter, und wir schauten uns das Foto eines von Kindern umringten Melammeds an.

»Der Mann in der Mitte ist der Melammed Moische Kantorowitsch«, erläuterte Onkel Nathan (dieser Melammed gehörte zu den Lieblingshelden seiner Anekdoten), »und links und rechts von ihm, das sind seine Schüler. Der Lockenkopf hier hieß Itzig. Hier rechts, das ist Chaimunja. Und neben Chaimunja, ein Stück hinter ihm, steht Arontschik. Dieser so still aussehende Arontschik setzte dem Melammed ganz besonders mit Fragen zu. Einmal fragte er ihn: ›Rebe, was ist besser, eine reiche Bar-Mizwa oder ein reiches Begräbnis?‹ Darauf antwortete der alte Melammed: ›Von der Höhe meiner Jahre kann ich dir sagen, Arontschik: Eine reiche Bar-Mizwa ist besser, denn dann kann man noch hoffen auf ein reiches Begräbnis. Hat man aber ein reiches Begräbnis, kann man nicht mehr hoffen auf eine reiche Bar-Mizwa.‹

Ein anderes Mal fragte Arontschik den Melammed: ›Rebe, was würden Sie tun, wenn Sie so reich wären wie Baron Rothschild?‹ Darauf seufzte der Melammed nur: ›Ach, Arontschik, ich würde mit diesem Problem schon irgendwie fertig werden. Überleg lieber: Was würde Baron Rothschild tun, wenn er so arm wäre wie ich?‹«

Geschichte folgte auf Geschichte, Anekdote auf Anekdote, und wir lachten Tränen.

Von den Fotos schauten uns bärtige alte Männer mit dicken chassidischen Pelzmützen an, schwarzäugige, vollbusige schöne Krämerinnen und ihre schmächtigen Ehemänner, junge Bräute und nicht sehr junge Bräutigame, ein fröhlich lächelnder Schadchen und ein streng blickender Schutzmann. Auf jeder Seite neue Gesichter, Helden neuer Legenden und Anekdoten.

Diese Geschichten zogen sich manchmal bis spätabends hin, und ich schlief am Tisch ein. Onkel Nathan trug mich ins Bett und half mir beim Ausziehen.

Nachts, im Traum, flog ich mit den Helden von Großvaters und Onkel Nathans Geschichten, sprach mit dem geheimnisvollen Sternenverkäufer und dem weisen, fröhlichen Melammed, träumte von Musikanten, gewitzten Handlungsreisenden und Zaddiks, die über Wasser liefen, als wäre es fester Boden. Ich träumte, ich sei auch Fotograf geworden und fotografierte Robespierre, der uns zu Pessach besuchte.

Robespierre sah aus wie unser Cholmsker Nachbar, der Tatare Selim. Der schnauzbärtige, schmaläugige Robespierre-Selim saß neben Großvater, sie tranken Wein, aßen Matze dazu und sangen. Ich war sieben Jahre alt. Meine Träume waren lustig. Ich lachte im Schlaf und weckte Mama mit meinem Lachen. Mein Leben war schön, einfach und glücklich.

Am 22. Juni begann der Krieg.

Einige Tage nach Kriegsausbruch holte mein Vater uns aus Pachomowka ab. Sein Werk wurde nach Barnaul evakuiert, und er fuhr mit. Man hatte ihm im Zug Plätze für seine Familie reserviert.

Wir fuhren mit Papa. Großvater und Großmutter fuhren mit uns. Onkel Nathan und Tante Fanja wollten nicht weg.

»Ihr könnt ruhig alle fahren«, sagte Onkel Nathan zu Papa, »aber Fanja und ich bleiben hier. Weißt du, warum? Weil wir friedliche alte Leute sind. Fern von aller Politik. Wo sollen wir schon hin? Und dann, verstehst du, wie könnte ich mein Atelier, meinen Fotoapparat, meine Alben verlassen? Das ist doch mein schöpferisches Laboratorium. Nein, das ist ausgeschlossen. Und überhaupt – ich glaube eurer bolschewistischen Propaganda ehrlich gesagt kein Wort. Das alles ist eine große Lüge. Während des Bürgerkriegs haben die Deutschen als Einzige keine Pogrome veranstaltet. Die Roten haben es getan, die Weißen, die Petljura-Leute – alle. Nur die Deutschen nicht. Als Fanja Typhus hatte, was meinst du, wer ihr Medikamente gegeben und ihr das Leben gerettet hat? Ein deutscher Militärarzt. Warte, ich zeige ihn dir.«

Onkel Nathan wollte das Fotoalbum aus dem Schrank holen.

»Ich glaube Ihnen ja, Onkel Nathan. Wir haben wenig Zeit.«

»Nein«, beharrte Onkel Nathan, »ich will, dass du dir das Gesicht dieses Mannes ansiehst, dann wirst du begreifen, dass Menschen wie dieser Doktor, er hieß Erik Dietz, unmöglich Kinder und alte Menschen töten können.«

Der Onkel fand rasch die gesuchte Seite und zeigte uns das Foto. Darauf waren die noch junge Tante Fanja und ein Mann in einer komischen Uniform.

»Das ist Fanja«, erzählte Onkel Nathan weiter, »da ist sie schon wieder gesund, und neben ihr, das ist der Militärarzt Erik Dietz. Er hat nicht nur keine Kopeke für die Behandlung genommen, er hat uns sogar noch eine Tafel Schokolade dagelassen. ›Ihre Frau muss sich gut ernähren‹, hat er gesagt.«

Onkel Nathan und Tante Fanja blieben in Pachomowka. Niemand weiß, wo sie erschossen wurden. Vielleicht in der

Steppe vor der Stadt, vielleicht an der Wand ihres Hauses.

Großvater und Vater sind nach dem Krieg extra nach Pachomowka gefahren, um herauszufinden, was mit Onkel Nathan und Tante Fanja passiert ist. Sie klapperten alle möglichen Institutionen ab und fragten Leute. Niemand konnte etwas Konkretes sagen. Es hieß nur: »Es gab einen Befehl, alle Juden sollten sich auf dem Marktplatz sammeln.«

Vom Haus des Onkels und dem Fotoatelier waren nur noch ein Haufen Ziegelsteine und verkohlte Trümmer übrig. Onkel Nathan hatte am Bahnhof gewohnt. Als unsere Truppen in Pachomowka einmarschierten, bombardierten sie das Eisenbahndepot und die Gleisanlagen. Eine Bombe traf das Haus von Onkel Nathan und Tante Fanja, aber da waren sie schon nicht mehr in der Stadt.

Aus Pachomowka zurückgekehrt, zog Großvater ein kleines Foto aus seiner Jackettasche.

»Das ist das Einzige, was ich gefunden habe. Es ist alles verbrannt, alles geplündert.«

Das Foto zeigte Großmutter und Tante Fanja als junge Mädchen. Onkel Nathan war natürlich nicht darauf. Er ließ ja das Vögelchen aus dem Apparat fliegen.

Neun Jahre nach dem Krieg starb Großvater. Am 8. Juni 1954.

Mama, Großmutter und einige Verwandte, alte Leute, die den Krieg überlebt hatten, saßen in Großvaters Haus Schiwa. Papa und ich nicht. Papa arbeitete wie früher im Militärbetrieb. Ich hatte Prüfungen. Im Betrieb und an der Hochschule wusste niemand, was Schiwa bedeutet.

Nach der Schiwa holte Großmutter einen Pappkarton aus dem Schrank.

»Das hat er dir hinterlassen«, und sie weinte. »Er hat gesagt, du bist der Einzige in der Familie, der damit etwas anfangen kann: Du bist genau so meschugge wie er.«

In dem Karton lagen Großvaters löchrige Kappe, sein Tales, meine Kinderzeichnungen zu seinen Märchen – er hatte sie all die Jahre sorgfältig aufbewahrt und in die Evakuierung mitgenommen. Unter den Zeichnungen lagen eine ordentlich zusammengelegte Weste aus dünnem Tuch und darunter zwei Ärmel aus demselben Stoff. Der linke war heil, der rechte mit dem Bügeleisen versengt. Unten auf dem Boden des Kartons lag eine Lupe. Etwa zwei Jahre vor seinem Tod waren Großvaters Augen so schlecht geworden, dass er nur noch mit Lupe lesen konnte. Auch darüber machte er seine Scherze: »Diese Lupe ist ein erstaunliches Ding: Ich kann jetzt zwischen den Zeilen lesen.« Doch bald half auch die Lupe nicht mehr.

»Der Allerhöchste hat mir das Augenlicht genommen, aber Er ist barmherzig und weise. Jetzt kann ich etwas, das ich früher nicht konnte. Er hat mich gelehrt, mit den Händen zu sehen«, sagte Großvater und tastete uns, seine Enkel, ab: Wowa, Venja und mich. »Venja ist seit gestern einen halben Zentimeter gewachsen.«

Der Jüngste von uns, der schwatzhafte Venja, der nach dem Krieg geboren wurde, fragte eines Tages: »Opa, wenn der Allerhöchste dir die Hände nimmt, wie wirst du uns dann sehen?«

Großvater schwieg einen Augenblick, dann sagte er: »Sehen kann ich dann wirklich nicht mehr, aber ich werde noch mein Gehör und meine Sprache haben und so weiterhin mit Ihm und mit euch reden können. Wisst ihr, Er liebt nämlich nicht nur Gebete, sondern genau wie ihr auch Anekdoten und Witze.«

Großmutter schaute über ihre Brille und seufzte.

»Du solltest wenigstens jetzt aufhören, Unsinn zu reden. Was erzählst du da? Der Allerhöchste liebt Anekdoten? So etwas zu sagen – in deinem Alter! Hab doch Erbarmen mit mir und hör auf dich zu versündigen.«

»Wieso versündigen? Er mag meine Anekdoten wirklich. Das hat Er mir gestern gesagt.«

»Du Schwätzer! Was hat Er denn zu dir gesagt?«

»Erstens bin ich kein Schwätzer, und zweitens hat Er gesagt, dass du nicht Witwe wirst, solange ich meine Witze und Anekdoten erzähle. Genau so hat Er gesagt: ›Wenn du aufhörst mit dem Erzählen, wird deine Friedl augenblicklich Witwe. Deine Anekdoten gefallen mir sehr. Erzähl nur.‹ In meinen Anekdoten, meine Liebe, liegt also mein Leben und unser beider Glück.«

Großvater wurde auf dem alten jüdischen Friedhof begraben, neben seinen Eltern, meiner Urgroßmutter Dwoira und Urgroßvater Srul Blumenfeld.

Und was geschah mit mir danach? Vieles. Studienabschluss. Armeedienst im Baubataillon. Ein weiteres Studium. Ich zog in dem riesigen, von Zaren und Bolschewiki aus Flicken zusammengestückelten Land umher. Erlebte mehrere Hochzeiten. Offizielle und inoffizielle. Den Tod von Verwandten und Freunden. Angeln an stillen Teichen. Die Geburt meines Sohnes. Die Veröffentlichung der ersten Bücher, die mir heute fremd vorkommen. Nächtliches

Radiohören, »Stimme Amerikas«. Arbeit am Puppentheater. Festivals, Premieren. Trunkenheit. Lektüre von Samisdat-Büchern. Nächtliche Küchengespräche. Mein Gott – was nicht noch alles? All dies unruhige Treiben überdeckte, verdrängte die Bilder meiner Kindheit.

1975 emigrierte ich. Ich landete in Deutschland. Warum nicht in Israel, nicht in Amerika, wo zu jener Zeit schon einige Freunde und Verwandte lebten? Das wurde ich oft gefragt. Und wusste darauf keine Antwort. Mehr noch – die ersten Monate in München in der Emigration erschienen mir ebenso zufällig und unüberlegt wie vieles zuvor in meinem unordentlichen Leben. Dinge, die ich oft nicht erklären und die meine Umgebung nicht verstehen konnte.

Damals durften Emigranten höchstens zwei Koffer oder Taschen ausführen, deshalb nahm man nur das Notwendigste mit. Warum ich den Karton mit dem Erbe meines Großvaters mitnahm, hätte ich nicht sagen können.

Ich tat es eben. Alle lachten darüber. »Du bist verrückt. Wann warst du das letzte Mal in der Synagoge? Was willst du mit einem Tales? Und mit dieser altmodischen Weste?« Ich zuckte die Achseln und lachte mit. Ich glaube, die Fähigkeit, über mich selbst zu lachen, hat mir geholfen, bald Freunde und Bekannte zu finden und nicht zu sehr unter der in vielen Büchern beschriebenen russischen Nostalgie zu leiden. Ich litt mehr unter dem chronischen Geldmangel. Aber bald entdeckte ich Orte, an denen Geldmangel nicht als verachtenswert gilt. Ich begann, sonntags auf Flohmärkte zu gehen.

Ich gewann diese Märkte nicht nur deshalb lieb, weil man dort für eine Mark ein Hemd bekam und für zwei Mark eine akzeptable Jeans, nein: Hier war ich kein Außenseiter, hier waren alle so wie ich, hier konnte man handeln, sich mit Verkäufern und Käufern unterhalten, und hier erntete mein Deutsch keinen Spott.

Es gab kaum eine Distanz zwischen Käufern und Verkäufern. Ich verbrachte Stunden vor Büchertischen und fand fast immer etwas Interessantes, manchmal sogar Raritäten in russischer Sprache, oder entdeckte unversehens bei einer alten Frau zwischen ausgeblichenen Hüten, mottenzerfressenen Schals und angeschlagenen Tassen eine Platte von Benny Goodman, dessen Aufnahmen ich früher nur zwei-, dreimal in Sendungen westlicher Rundfunkstationen gehört hatte. Wie kam die Platte in den Besitz dieser steinalten Großmutter? Wenn ich fragte, wurde die alte Frau meist gesprächig. Erstens war sie einsam und brauchte Gesellschaft, und zweitens wollte sie die Platte ja verkaufen, warum hätte sie sie sonst mitgebracht? So erfuhr ich dann die Lebensgeschichte der einst äußerst verführerischen Frau Vogel und erwarb meinen alten Traum – den Amerikaner Benny Goodman.

Kurz – der Besuch der Flohmärkte brachte mir echte Freude und Nutzen. Ich lernte die Stammgäste kennen, und mit einem davon freundete ich mich an. Er hieß Tomaso. Er war Italiener und verrückt nach Briefmarken. Über diese kleinen Stückchen Papier konnte er stundenlang reden – er machte mich auf winzige Details und Nuancen aufmerksam, welche die Einzigartigkeit einer Marke ausmachten. »Ich habe das Auge eines Philatelisten«, sagte er, und das war die reine Wahrheit.

Eines Tages im Oktober, auf einem Flohmarkt fast im Zentrum, in der Kirchenstraße in der Nähe des Max-Weber-Platzes, rief mein italienischer Freund mir gegen elf Uhr vormittags zu: »Ich möchte dir was zeigen.«

Tomaso wusste, dass ich mich für amerikanischen Jazz interessiere und für Bücher in russischer Sprache. Er selbst konnte natürlich nicht Russisch lesen, aber wenn er eine Platte sah, auf der ein Schwarzer in eine Trompete blies, oder ein Buch mit kyrillischen Buchstaben, dann rief er mich. Zuweilen stieß er tatsächlich auf interessante, überraschende Dinge.

»Komm mit«, sagte er also, und ich folgte ihm gehorsam.

Wir traten an einen Tisch, hinter dem ein großer blonder Bursche stand. Unter dem Haufen Kram, den Studenten meist verkaufen wie Tennisschläger, verwaschene Jeans und T-Shirts, lag ein Fotoalbum.

»Guck mal!« Tomaso tippte mit dem Finger auf die Schrift auf dem Einband, »Russisch!«

Mein Freund hatte Recht. Das Metallschild auf dem Album trug die Inschrift: »Kunstfotograf Nathan Blumenfeld«.

Tomaso erzählte später, ich wäre getaumelt und beinahe auf den Ladentisch gestürzt. Ich erinnere mich nicht daran. Wahrscheinlich war es so. Erschrocken über meine Reaktion, wollte der Student kein Geld nehmen. Tomaso gab ihm zwei Mark. »Nimm schon, nimm! Alles in Ordnung!« Ich fragte den jungen Mann nicht, welcher seiner Verwandten dieses Souvenir aus Pachomowka mitgebracht hatte. Wozu? Was hätte das geändert? Und welche Schuld trug dieser nach dem Krieg geborene Junge?

An diesem Tag feierte ich meinen Fund mit Tomaso. Wir begannen gleich auf dem Flohmarkt. Ich lud Tomaso zum Bier ein, dann gingen wir in eine Pizzeria. Ich erzählte die Lieblingsanekdoten von Onkel Nathan und Großvater. Erstaunlicherweise verstand Tomaso mein Deutsch, lachte über die Anekdoten und stellte Fragen.

Wir beschlossen den Abend bei mir zu Hause. Wir tranken Wein und sahen uns die Fotos an. Und ich erzählte weiter.

Tomaso bemerkte als Erster die seltsamen kleinen Flecken auf den Fotos, aber ich beachtete seine Entdeckung nicht weiter. Ich war zu erregt, ich lärmte und lachte noch lauter als mein Freund.

Tomaso ging sehr spät. Ich brachte ihn zum Taxistand. Mein Freund fuhr ab, randvoll mit Rotwein und jüdischen Witzen.

Ich ging zurück nach Hause.

Mein armer Kopf stöhnte – zu viele Eindrücke, zu viel Wein.

Ich duschte. Legte mich ins Bett. Mein Kopf war wieder klarer, aber ich konnte nicht einschlafen – das Fotoalbum wartete. Ich stand auf, öffnete das Fenster weit, schaltete die Schreibtischlampe an und sah mir aufmerksam die Fotos an. Ausgiebig betrachtete ich die Gesichter und versuchte, mich an längst in den Tiefen meines Gedächtnisses versunkene Namen zu erinnern. Ich hatte fast alles vergessen. Plötzlich traf es mich wie ein Stromschlag – Tomaso hatte Recht: Über den Köpfen der Fotografierten sah man seltsame, blinkende Punkte. Auf dem Foto eines Kletzmers war der Tropfen hell und schien kaum merklich zu pulsieren. Ich betrachtete ein anderes Foto und entdeckte einen ebensolchen, etwas dunkleren Sprenkel. Ich sah mir nicht mehr die Gesichter an, sondern suchte nach diesen geheimnisvollen Zeichen. Und fand sie. Sie waren überall, auf jedem Foto. Bald zweifelte ich nicht mehr, bald ahnte ich, was diese Flecke ohne konkrete Struktur zu bedeuten hatten. Aber ich wollte Gewissheit, denn meine Ahnung erschien mir allzu fantastisch. Ich zog meine Tasche unterm Bett hervor, holte den Karton mit Großvaters Sachen heraus und breitete sie sorgfältig aus: die Kappe, die Ärmel, den Tales, die Weste. Schließlich nahm ich die Lupe zur Hand und hielt sie vor das Foto des Melammed.

Über dem Kopf des Lehrers schwebte ein Vögelchen und flatterte mit den hellen Flügeln. Von diesem Augenblick an waren meine Vergangenheit und meine Emigration keine sinnlose Aneinanderreihung von Torheiten und Zufällen mehr. Das Rätsel war gelöst. Ich vernahm die Stimmen der beiden Brüder Isroel und Nathan. Sie lachten.

Glossar

Bar-Mizwa (Aramäisch: »Sohn des Gebots«) Feierliche Einführung des dreizehnjährigen Jungen in die jüdische Glaubensgemeinschaft

Bileams sprechende Eselin Siehe Num 22–24: Der Seher Bileam, der auf seinem Esel unterwegs ist, erkennt nicht, dass sich ihm ein Engel in den Weg stellt und ihn zum Anhalten und zum Hören auf die Stimme Gottes zwingen will. Seine Eselin bleibt aber wie angewurzelt stehen und ist trotz Schlägen nicht zum Weitergehen zu bewegen. Erst nachdem Gott durch die Eselin zu Bileam gesprochen hat, kann auch dieser den Engel sehen und so erkennen, was Gott mit ihm vorhat.

Chassid (Hebr.: »der Fromme«) orthodoxer Jude

Dshigit Reiter aus der kaukasischen Republik

Kletzmer Jüdischer Volksmusikant

Majßeß Jidd.: »Geschichten«; Singular: Majße

Matze ungesäuertes Brot; wird während der Pessachzeit gegessen

Melammed Lehrer

Mischnaiden von Mischna, (Hebr.: »Lehre«); grundlegender Teil des Talmud. Die

Mischnaiden traten für eine freiere Interpretation des Talmuds, für eine Liberalisierung der strengen Vorschriften ein

Mischpoche   Verwandtschaft

Pessach   auch Passah, Pascha; jüd. Fest zur Erinnerung an den Auszug der Israeliten aus Ägypten

Rebe   Herr; Lehrer; Gelehrter. Anrede für einen erwachsenen Mann

Tales   Gebetsmantel, den die Juden beim Morgengebet und bei feierlichen Gelegenheiten anlegen

Talmud   Kompendium der mündlich überlieferten Auslegung der mosaischen Gesetze

Schadchen   Ehevermittler

Schiwa   Trauertage; sieben Tage sitzen die Angehörigen des Verstorbenen auf niedrigen Schemeln

Schtetl   kleinere Stadt (in Osteuropa) mit jüdischer, nach eigenen Traditionen lebender Bevölkerung

Zaddik   (Hebr. »Gerechter«) frommer Mann, jüdischer Gelehrter

VERLAGSGRUPPE PATMOS

PATMOS
ESCHBACH
GRÜNEWALD
THORBECKE
SCHWABEN

Die Verlagsgruppe
mit Sinn für das Leben

Für die Schwabenverlag AG ist Nachhaltigkeit ein
wichtiger Maßstab ihres Handelns. Wir achten daher auf
den Einsatz umweltschonender Ressourcen und
Materialien. Dieses Buch wurde auf FSC®-zertifiziertem
Papier gedruckt. FSC (Forest Stewardship Council®) ist
eine nicht staatliche, gemeinnützige Organisation, die sich
für eine ökologische und sozial verantwortliche Nutzung
der Wälder unserer Erde einsetzt.

Umschlaggestaltung: Finken & Bumiller, Stuttgart
Umschlag- und Innenillustrationen:
© Alexander Kostinskij
Druck: CPI – Ebner & Spiegel, Ulm
Hergestellt in Deutschland
ISBN 978-3-8436-0180-1